Andrea Behnke

Ich, du und wir

Andrea Behnke

Ich, du und wir

Kindergeschichten vom Miteinander

FREIBURG · BASEL · WIEN

Im Interesse der besseren Lesbarkeit und weil Frauen in frühpädagogischen Berufen prozentual stärker vertreten sind als Männer, wird in diesem Buch stets die Leserin angesprochen und auch meist die weibliche Form verwendet, wenn von pädagogischen Fachkräften die Rede ist. Selbstverständlich sind damit aber immer Leser und Leserinnen bzw. männliche und weibliche Fachkräfte gleichermaßen gemeint.

Mehr zur Autorin finden Sie unter:
www.andreabehnke.de

© Verlag Herder GmbH, Freiburg im Breisgau 2013
Alle Rechte vorbehalten
www.herder.de

Umschlaggestaltung: SchwarzwaldMädel, Simonswald
Umschlagbild und Illustrationen im Innenteil: Susanne Bochem, Mainz

Layout, Satz und Gestaltung: Arnold & Domnick, Leipzig
Herstellung: Graspo CZ, Zlín
Printed in the Czech Republic

ISBN 978-3-451-32651-6

Inhalt

Vorwort 7

Das Miteinander kreativ gestalten 9

Geschichten vom Streiten und Vertragen 11

Königliche Autos 12
Impulse zu „Königliche Autos" 14

Eine Ärztin zu viel 18
Impulse zu „Eine Ärztin zu viel" 20

Wenn Indianerinnen Tiger jagen 24
Impulse zu „Wenn Indianerinnen Tiger jagen" 26

Morgens sind Winterjacken doof 30
Impulse zu „Morgens sind Winterjacken doof" 32

Schnee aus Papier 36
Impulse zu „Schnee aus Papier" 38

Geschichten vom Zusammenleben 43

Patentante Ida... 44
Impulse zu „Patentante Ida"................................... 46

Ben und der böse Wolf.. 50
Impulse zu „Ben und der böse Wolf"........................... 52

Wenn lange Beine Laufrad fahren 56
Impulse zu „Wenn lange Beine Laufrad fahren"............... 58

Puppenmütter... 62
Impulse zu „Puppenmütter".................................... 64

Vom Matrosen zum Kapitän.................................. 68
Impulse zu „Vom Matrosen zum Kapitän"..................... 70

Lesetipps.. 76

Kopiervorlage Elternbrief.................................... 78

Vorwort

Eine typische Szene, die Sie kennen werden: Im Sandkasten liegen eine Schaufel und ein Eimer. Da nimmt sich ein kleines Mädchen die Schaufel und buddelt ein Loch. Wie aus dem Nichts erscheint ein Junge, ruft „Meins" und nimmt dem Mädchen das Spielzeug weg.

Kleine Kinder sind zunächst noch recht „eigenwillig", sie sind – völlig wertfrei gesprochen – Egoisten. Ab circa anderthalb bis zwei Jahren nehmen sie zunehmend wahr, dass sie Teil der Umwelt und nicht unbedingt deren Mittelpunkt sind. Kurzum: Sie gehen mehr und mehr auf das Gegenüber zu und können die Gefühle anderer Menschen einordnen.

Sie als Erzieherin erleben es hautnah: Im Kindergartenalter wird das Sozialverhalten der Kinder täglich neu auf die Probe gestellt. Die Kinder gehen neue Bindungen ein, zu Erwachsenen und zu anderen Kindern. Damit lösen sie sich gleichzeitig ein wenig von den Eltern und üben täglich neue Rollen.

Das geht nicht immer ohne Konflikte: Streitigkeiten mit Kindern, aber auch mit Eltern und Geschwistern sind völlig normal – Konflikte und der Umgang damit gehören einfach zum Alltag dazu. Und: Kinder lernen zu verhandeln und zu kooperieren.

Sich zu streiten und sich zu vertragen, neue Menschen kennenzulernen, sich immer wieder neu zurechtzufinden: Es ist eine ganze Menge, was auf Kinder im Kitaalter einstürmt, bis sie ihren eigenen Platz in der Gruppe oder in der Familie finden können. Anderen beizustehen und „Nein" zu sagen gehört ebenso dazu wie Verantwortung zu übernehmen oder auch mal unsicher zu sein.

„Ich – du – wir" – das Kind und die anderen: Dieses Miteinander und Zusammenleben habe ich in zehn Geschichten mit Leben gefüllt. Es sind die kleinen Begebenheiten des Alltags, die für Kinder riesig sind. Streit und Versöhnung, Erlebnisse und Gefühle, die ich in kleinen Erzählwelten zusammengeführt habe. Da ist beispielsweise Charlotte, die die Bestimmerin sein will. Da gibt es Zank zwischen zwei Freundinnen, die sich nicht einigen können, was sie spielen sollen – und die einen wahrhaft königlichen Kompromiss finden. Simon ist eifersüchtig auf seine kleine Schwester, und Luise hilft Ben, der Angst vor Hunden hat.

Beim Schreiben habe ich mich in die Welt der Kinder hineingedacht und Emotionen, Kummer und Freude, die das soziale Miteinander begleiten, in Geschichten verpackt. Die Geschichten sind ganz nah dran am Leben und Erleben von Kindern und bringen die kleinen Dramen im Alltag der Kinder zur Sprache. Es sind zehn sehr unterschiedliche Geschichten von Mädchen und Jungen entstanden, die jeweils ihren ganz eigenen Blick auf die Dinge haben.

Sich streiten und sich vertragen, miteinander auskommen: Für Kinder im Kindergartenalter sind das sehr wichtige Erfahrungen. Ebenso wie die Helden der Geschichten erleben sie Streit und Neuanfang – und sie gehen ebenso wie diese aus Konflikten gestärkt hervor.

In den Geschichten kommen Sorgen zur Sprache, aber auch der Stolz, wenn wieder ein Schritt auf dem Weg zum Miteinander bewältigt ist. Eigenes und Fremdes finden die Kinder in den Geschichten – das gibt Stoff zum Nachdenken, aber auch zum Lachen und Sich-Freuen.

Die Kitakinder finden sich in den Helden der Geschichten wieder. Mit Literatur können Kinder lernen, Literatur regt zum Nachdenken an. Und vor allem: Geschichten zu hören macht einfach Freude.

Zu guter Letzt: Ein Buch entsteht immer im Team. Daher möchte ich mich beim Verlag Herder bedanken für die engagierte und kreative Zusammenarbeit – vor allem beim Programmleiter des Fachverlags Pädagogik Jochen Fähndrich und bei der Lektorin Pia Haferkorn. Außerdem freue ich mich, dass ich in meinen Kolleginnen der Autorinnengruppe „clara fontana" konstruktive Feedback-Geberinnen habe. Und ein großer Dank geht an meine Tochter, die bei diesem Buch meine erste Testhörerin war.

Ich wünsche Ihnen viel Spaß beim Lesen und bei den Aktivitäten.

Andrea Behnke

Das Miteinander kreativ gestalten

Sie finden im Folgenden Geschichten zum Vorlesen, die geeignet sind, das Miteinander der Kinder zu unterstützen. Es sind zehn Geschichten zu den Oberthemen „Streiten und Vertragen" und „Zusammenleben", die die Lebenswelt der Kinder fantasievoll aufgreifen.

Die Geschichten sind kurz – das Vorlesen dauert maximal zehn Minuten. Sie sind so gestaltet, dass sie die Konzentrationsfähigkeit der jungen Zuhörerinnen und Zuhörer nicht überstrapazieren. Die Konflikte sind überschaubar und wirklichkeitsnah. Darüber hinaus bieten die Hauptfiguren eine Menge Identifikationspotenzial: Im Mittelpunkt stehen jeweils Mädchen und Jungen im Alter zwischen drei und sieben Jahren. So können sich die Kinder in den Hauptfiguren der Erzählungen wiederfinden – und daran eigene Gedanken anknüpfen: Habe ich Ähnliches erlebt? Ist es mir anders ergangen? Hätte ich auch so gehandelt? Oder vielleicht ganz anders?

Doch es gibt nicht nur Impulse zur sprachlichen Auseinandersetzung, sondern auch kreative Anregungen. So können sich die Kinder über einen längeren Zeitraum mit allen Sinnen mit dem Thema der jeweiligen Geschichte beschäftigen. Das geschieht mit unterschiedlichen Medien. Sie finden u. a. Erzählanreize oder (Theater-)Spiele sowie Anregungen zum Basteln und Malen oder Singen – immer ganz konkret auf den Inhalt der Geschichte zugeschnitten.
Die Geschichten fördern somit zweierlei: zum einen die sprachlichen Kompetenzen der Kinder, zum anderen die sozialen und emotionalen. Ganz nebenbei legen sie auch einen Grundstein in der literarischen Erziehung.

Im Vordergrund steht, dass die Kinder sich ganzheitlich mit den verschiedenen Themen auseinandersetzen. Und dass sie das größtenteils in der Gruppe tun, was das Miteinander – ganz im Sinne der Geschichten – zusätzlich stärkt.

Sie können die Geschichten einzeln und situationsorientiert zum Einsatz bringen, wenn ein bestimmtes Thema gerade in Ihrer Gruppe aktuell wird. Ebenso können Sie die Angebote aber auch im Rahmen eines Projektes zum Thema „Streiten und Vertragen" und „Zusammenleben" einsetzen und alle Geschichten samt Impulsen gemeinsam mit den Kindern erleben und erarbeiten.

Auf ein solches Projekt sollten natürlich die Eltern eingestimmt werden. Daher finden Sie im Anhang einen Elternbrief als Kopiervorlage (Seite 78), mit dem Sie die Eltern über Ihre Arbeit mit den Angeboten dieses Buches informieren können.

Im Anhang steht zudem eine Literaturliste mit weiteren Bilderbüchern zum Thema (Seite 76 f.). Darunter einige, die nicht so bekannt sind, die aber zu den echten Perlen der Kinderliteratur zählen.

Geschichten, abwechslungsreich gestaltet und erlebbar gemacht, können helfen, die Kinder zu stärken, damit das Miteinander besser gelingt.

Streiten und Vertragen

Königliche Autos

Rike ist bei Sofie zu Besuch. Die ganze Woche haben die beiden Mädchen sich auf diesen Nachmittag gefreut. Noch nie war Sofie bei Rike. Neugierig steht sie in Rikes Zimmer. Da fangen ihre Augen an zu strahlen: „Du hast ja ein Einhorn-Schloss", ruft sie. „Ich will auch ein Einhorn-Schloss. Kriege aber keins. Mama findet das doof."

„Ich auch", sagt Rike. „Spiele da gar nicht so viel mit."
Rike kramt in der Kiste unter dem Bett. „Die finde ich sooo cool." Sie hält ein kleines Auto hoch.
„Siehste", sagt sie und zieht das Auto ein Stückchen zurück. Dann lässt sie es los, und das Auto flitzt bis zum Schrank gegenüber.
„Sollen wir ein Rennen fahren?"

Rike stellt vier Flitze-Autos nebeneinander.
„Ich mag die Autos nicht", sagt Sofie. „Autos sind langweilig."
„Sind sie nicht!"
Trotzig lässt Rike alle vier Autos hintereinander lossausen. Eines rammt Sofie am Fuß.
„Aua", ruft sie. „Du hast mir wehgetan. Du mit deinen blöden Autos!"
„Das sind ganz alte Autos von Papa. Da hat der schon mit gespielt." Rike fängt an zu weinen.

„Du kannst gleich wieder gehen, wenn du meine Sachen nicht magst." Rike schluchzt.
„Dann komme ich eben nie mehr", sagt Sofie. „Und du brauchst auch nicht zu mir kommen. Und morgen spiele ich mit Jana."
Nun füllen sich auch Sofies Augen mit Tränen. So ein missglückter Nachmittag, der die gesamte Vorfreude einfach aufgefressen hat.

Schweigend sitzen die beiden Mädchen nebeneinander. Rike packt die Autos wieder in die Kiste und macht den Deckel drauf. Alleine machen Autorennen keinen Spaß. Und neben einer Freundin zu sitzen und nichts zu sagen, das ist auch nicht schön.

„Spielst du wirklich nicht mehr mit mir?", fragt Rike nach einer Weile.
„Wenn du nicht mehr mit mir spielst, dann nicht."
„Und wenn doch?", will Rike wissen.
„Dann schon. Vielleicht." Sofie schaut Rike an und grinst.
„Aber was sollen wir spielen?", fragt sie.
„Autos nicht und Einhörner nicht", meint Rike.
Die beiden überlegen. Im Regal gibt es noch Bücher, Puzzles, Puppen, Stofftiere. Und einen Kaufladen hat Rike auch.

„Oder wir spielen beides – Autos und Schloss", sagt Sofie. Ihre Augen leuchten.
„Dann wohnen die Autos im Schloss."
„Oh ja", ruft Rike. „Lass uns kleine Kronen für die Autos basteln. Das sind dann die Könige!"
Sie kramt ihren Bastelkorb hervor. Da drin müsste noch Goldpapier sein.

Flugs falten die beiden kleine Krönchen, die auf die Autos kommen.
„Ich bin der König von Autohausen", sagt Rike mit tiefer Stimme.
„Und ich bin eine Auto-Königin", sagt Sofie.
Da nimmt Rike ein Einhorn, reicht es Sofie und sagt: „Kannste dir ausleihen."

Impulse zu „Königliche Autos"

Inhalt der Geschichte in Kürze

Sofie ist bei Rike zu Besuch. Doch die beiden Mädchen können sich nicht einigen, was sie spielen sollen. Autos findet Sofie doof, während Rike das Einhorn-Schloss nicht mag. Nach einigen Tränen finden sie aber eine Lösung, die beide gut finden: Sie spielen „Autos im Schloss".

Wie war das noch mal? – Fragen zum Textverständnis

- Womit würde Sofie am liebsten sofort spielen?
- Was mag Rike?
- Warum hängt Rike so an den Autos?
- Wollte Rike Sofie wehtun mit dem Auto?
- Warum finden die Mädchen den Nachmittag missglückt?
- Wie fangen die Mädchen an, sich zu vertragen?
- Was spielen die beiden später?
- Wie geht es ihnen am Ende der Geschichte?

Und was sagt ihr dazu? – Redeanlässe zur Geschichte

- Habt ihr euch schon mal am Nachmittag mit einem Freund oder einer Freundin gestritten?
- Erzählt doch mal von euren letzten Streits.
- Was glaubt ihr: Mögen sich Rike und Sofie nicht mehr, weil sie sich zanken?
- Wie fühlen sich Rike und Sofie an dem Nachmittag?
- Und wie fühlt ihr euch, wenn ihr euch streitet?
- Was ist besonders schlimm, wenn man sich zankt?
- Wie kann man sich wieder vertragen?
- Rike und Sofie haben eine tolle Lösung gefunden: Sie spielen sowohl mit den Autos als auch mit dem Schloss. Hätte es noch eine andere Lösung geben können?

König und Königin von Autohausen *Ausmalen*

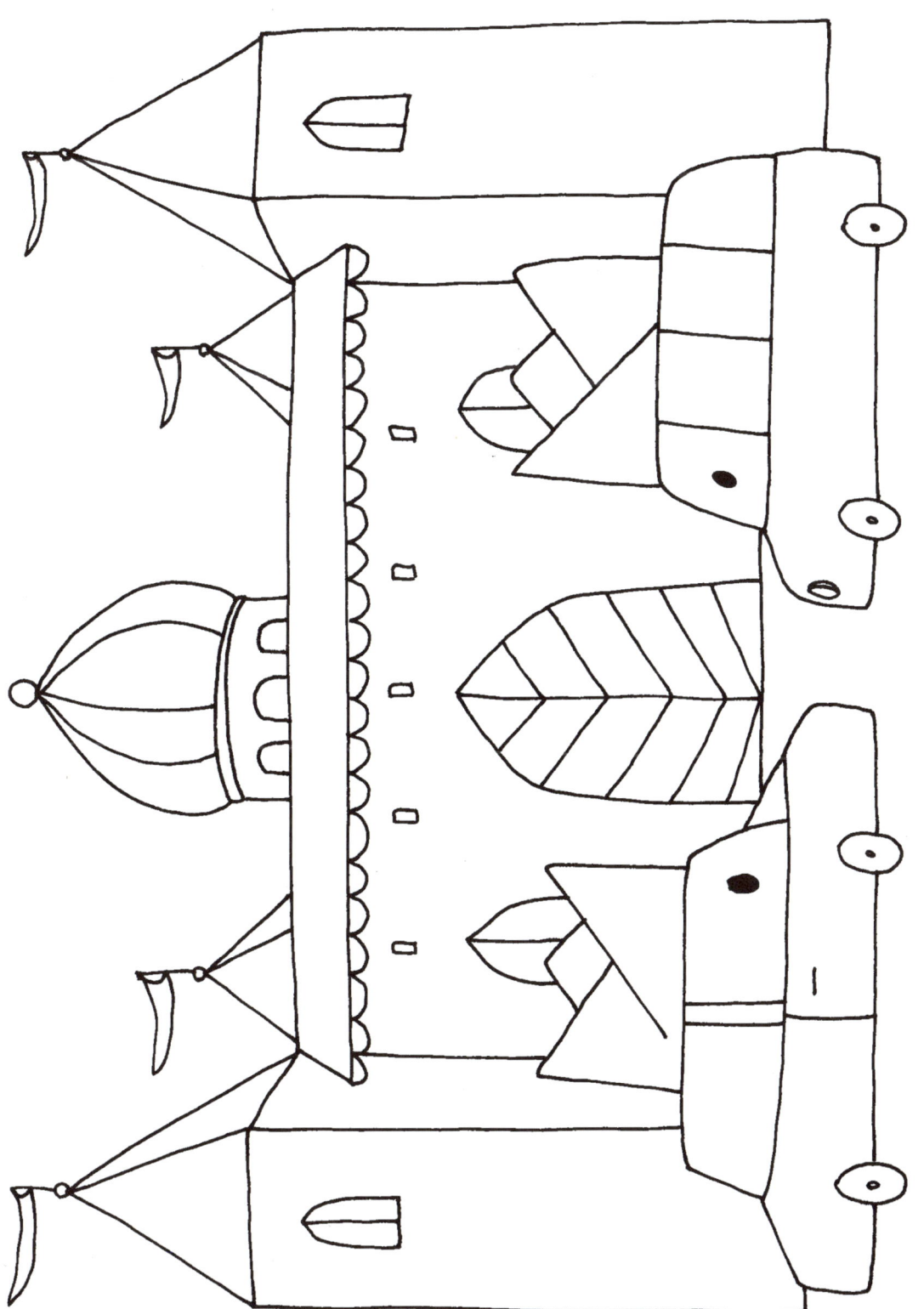

Rike und Sofie haben sich gezankt, dann aber eine prima Lösung gefunden, um doch noch gemeinsam zu spielen.

Motzkasten *Basteln*

Manchmal tut es einfach gut, seiner Wut Luft zu machen und einmal zu schimpfen, zu meckern, zu motzen. Wie schön, wenn es dafür in der Kita einen Ort gibt, an dem genau das erlaubt ist.

Material:
große Kiste oder Waschmitteltrommel, Papier, Stifte, Klebstoff, evtl. Altpapier

Einen solchen Ort können Sie gemeinsam mit den Kindern schaffen. Sie nehmen eine große Kiste oder eine Waschmitteltrommel. Diese bekleben Sie mit verschiedenen Gesichtern, die die Kinder gemalt und ausgeschnitten haben: grimmige Gesichter, wütende Gesichter, traurige Gesichter …

Diesen Motzkasten stellen Sie an einem gut sichtbaren Ort auf. Wenn ein Kind fluchen möchte, kann es dorthin gehen, den Deckel abmachen und laut in die Kiste hineinbrüllen. Dann schließt es den Deckel wieder. Einmal in der Woche entleeren Sie den Motzkasten in einem gemeinsamen Ritual mit den Kindern. So können all die Meckereien wegfliegen und Platz für neue Wortausbrüche schaffen.

Tipp:
Erweitern können Sie die Motzkiste so, dass neben der Kiste ein Packen Altpapier liegt. Wer richtig wütend ist, darf sich Papier nehmen, es zerknüllen und nach Lust und Laune darauf herumtrampeln. Anschließend landet es mit den Flüchen in der Kiste. Entleeren Sie die Kiste dann, wird die Wut sogar sichtbar entsorgt.

Freundschaftsbänder   *Basteln*

Freundinnen und Freunde sind wichtig. Und die Kita ist ein Ort, an dem viele Kinder ihre ersten engeren Freundschaften knüpfen. Freundschaftsbänder fürs Handgelenk oder als Kette sind eine schöne Möglichkeit, Freundschaften zu besiegeln.

Material:
Kordeln (am besten aus Gummi), Holzperlen, Korken, Moosgummi o. Ä., Stifte

Bei jüngeren Kindern bietet es sich an, Perlen zu fädeln. Die Perlen können zuvor selbst gestaltet werden: Die Kinder bemalen Naturholzperlen, die es im Bastelbedarf gibt, mit wasserfesten Stiften.
Oder aber die Kinder bringen Naturkorken mit. Die Korken dritteln (mit Hilfe der Erwachsenen) und die Scheiben nach Belieben anmalen. Zum Schluss in der Mitte mit einem Loch versehen und auffädeln – so entstehen individuelle Anhänger.
Auch aus dickerem Moosgummi lassen sich schöne Anhänger ausschneiden.

Im Stuhlkreis legen sich die Kinder die Freundschaftsbänder schließlich gegenseitig um. Dabei darf sich jedes Kind ein anderes aussuchen.
Oder aber, Sie geben bestimmte Kriterien vor – beispielsweise: „Schenke dein Band einem Kind, mit dem du noch nie gespielt hast." Oder „Schenke dein Band einem Kind, mit dem du dich gestritten hast." Oder „Schenke dein Band einem Kind, das du geärgert hast."

Königliche Autos

Eine Ärztin zu viel

Charlotte öffnet den Arztkoffer. „Wir spielen Krankenhaus", sagt sie. Simon, Lene, Johann und Mina holen ein paar Puppen aus der Puppenecke.

„Ihr seid die Mamas und Papas mit den kranken Babys. Und ich bin die Ärztin. Und Lene ist die Krankenschwester", befiehlt Charlotte.

„Ich will aber auch Ärztin sein", sagt Lene.

„Es gibt in diesem Krankenhaus aber nur eine Ärztin. Und die bin ich", sagt Charlotte. „Wer ist dafür, dass ich die Ärztin bin?"

Erwartungsvoll schaut sie in die Runde. Simons Finger geht sofort in die Höhe.

„Ich auch", sagt Johann.

Mina zögert. Dann sagt sie leise: „Kannst du sein."

„Gut", sagt Charlotte.

Lene nimmt sich eine Puppe. „Na, meine Kleine, was hast du denn?"

„Ich bin die Ärztin!", ruft Charlotte laut. Und in die Runde fragt sie: „Wer ist dafür, dass Lene nicht mehr mitspielt?"

„Ich", ertönt Simons Stimme. Die anderen Kinder schauen betreten zu Boden.

„Na? Soll Lene noch mitspielen?"

„Nein", sagt da auch Johann. Nur Mina sagt: „Du hattest doch gesagt, Lene kann die Krankenschwester sein."

„Nein, in diesem Krankenhaus gibt es doch keine Krankenschwester." Charlotte sieht Lene streng an. „Keine einzige nicht."

Mit Tränen in den Augen geht Lene weg. Sie holt sich ein Puzzle, schüttet die Teile auf den Tisch neben der Puppenecke. Doch heute wollen die Puzzleteile so gar nicht zusammenpassen.

Mina nimmt eine Puppe. Sie ist eine Mama, deren Baby sich heute Nacht ganz schlimm übergeben hat. Aber irgendwie ist ihr selbst ganz übel. Die Sache mit Lene ist ihr auf den Magen geschlagen. Lene wollte doch auch nur mal die Ärztin spielen. Nicht immer nur Charlotte.
Aus dem Augenwinkel schaut Mina zu Lene hinüber und sieht, wie Lene mit starrem Blick zum Fenster hinausschaut.

Katrin, die Erzieherin, geht zu Lene. „Lenchen, geht's dir nicht gut?"
„Alles in Ordnung." Lene fängt an zu puzzeln.
„Du sagst, wenn etwas ist, ja?"
Lene nickt und schaut Katrin mit großen Augen an. „Wann kommt meine Mama?"
„Das dauert noch ein bisschen. Soll ich mitpuzzeln?" Besorgt streichelt Katrin ihr über die Haare. Lene schüttelt den Kopf.

„Mina – ich habe dich jetzt schon ein paar Mal gefragt. Was ist mit deinem Baby?" Damit reißt Charlotte Mina aus ihren Gedanken.
„Das ist krank", antwortet Mina.
„Wir sind ja in einem Krankenhaus. Was hat das Baby denn?"
Da drückt Mina Charlotte die Puppe in den Arm. „Nichts. Gar nichts."

Mit diesen Worten dreht Mina Charlotte den Rücken zu und setzt sich zu Lene an den Tisch. Simon und Johann blicken ihr erstaunt nach.
Charlotte lässt sich nicht beirren. „Der Nächste, bitte", sagt sie.

Zur selben Zeit nimmt Mina ein Puzzleteil und steckt es an die richtige Stelle. „Ich glaube, das gehört dorthin." Sie lächelt Lene an.

Impulse zu „Eine Ärztin zu viel"

Inhalt der Geschichte in Kürze

Charlotte, Lene, Mina und zwei Jungen wollen Krankenhaus spielen. Charlotte will in jedem Fall die Ärztin sein – die einzige. Als Lene auch Ärztin sein möchte, schließt Charlotte sie aus, und die anderen Kinder machen mit. Mina plagt jedoch ein schlechtes Gewissen. Zu guter Letzt steht sie Lene bei und wagt es, sich gegen Charlotte zu stellen.

Wie war das noch mal? – Fragen zum Textverständnis

- Was wollen Charlotte, Mina, Lene und die Jungen spielen?
- Wer will die Ärztin sein?
- Warum möchte Charlotte, dass Lene nicht mehr mitspielt?
- Was sagt Mina da?
- Warum kann Lene heute nicht richtig puzzeln?
- Wo möchte Lene am liebsten sein?
- Wie geht es Mina in der Puppenecke?
- Was traut sich Mina am Ende der Geschichte?

Und was sagt ihr dazu? – Redeanlässe zur Geschichte

- Was glaubt ihr, warum Charlotte unbedingt Ärztin sein will?
- Wie findet ihr es, dass sie es Lene verbietet, auch mal die Ärztin zu spielen?
- Wie verhalten sich Simon und Johann?
- Man nennt das auch „Alle gegen einen". Kennt ihr so was? Habt ihr so etwas schon erlebt oder beobachtet?
- Was hätten Simon, Johann und Mina auch tun können?
- Wie fühlt sich Lene, als sie nicht mehr mitspielen soll?
- Warum geht es Mina so schlecht, als sie Lene alleine am Tisch sieht?
- Wie fühlt man sich, wenn man alleine aufsteht und sagt: „Nein, da mache ich nicht mit." Habt ihr schon mal einen anderen, der alleine war, unterstützt?

Alle gegen einen? *Basteln*

Wenn die Kinder die Ausgrenzung bildlich vor Augen haben, können sie sich noch besser in die einzelnen Figuren hineinversetzen.

Material:
Papier, Stifte, Schere, Klebstoff

Lassen Sie die Kinder auf dickerem Papier die fünf Kinder aus der Geschichte aufmalen. Das sind:
- Charlotte, die „Anführerin"
- Lene, die ausgegrenzt wird
- Mina, die sich später für Lene einsetzt
- Simon, der immer sofort „Ja" sagt
- Johann, der zögernd „Ja" sagt

Anschließend schneiden die Kinder die Figuren aus. Dann nehmen Sie vier große Blätter und lassen die Kinder die Geschichte in vier Schritten Revue passieren.
- Wie zeigt sich die Gruppe der Kinder am Anfang der Geschichte?
- Wie entwickelt sich die Gruppe – wer steht wem bei?
- Wie geht es weiter?
- Und wie ist es am Ende?

Wenn der Ablauf der Geschichte stimmig auf den Bildern dargestellt ist, können die Figuren aufgeklebt werden.

Zootiere *Spielen*

Im Stuhlkreis überlegt sich jedes Kind ein Tier, das ihm ähnlich ist. Anschließend laufen die Kinder durch den Raum und schlüpfen dabei in die Rolle dieses Tieres. Geben Sie den Kindern Zeit, sich in ihre Rolle einzufinden. Sie können auch nach einiger Zeit „Regieanweisungen" geben. Lassen Sie die Tiere schnell und langsam laufen; lassen Sie die Tiere Futter suchen und fressen oder sich verstecken.

Später kommen die Tiere miteinander in Kontakt. Da treffen vielleicht Löwe auf Hase oder Tiger auf Biene. Wie gehen diese Tiere miteinander um? Spielen sie miteinander oder flüchten sie? Kämpfen sie?

Machen Sie eine Pause und sprechen Sie mit den Kindern über ihre Gefühle, die sie während des Spiels hatten. Dann starten Sie eine zweite Runde. Dabei schlüpft jedes Kind in die Tierrolle eines anderen Kindes. Die Tiere bleiben also gleich, aber andere Kinder aus der Gruppe verkörpern sie.

Reflektieren Sie erneut. In der letzten Runde verteilen Sie selbst die Rollen. Nun haben Sie die Chance, den Kindern Rollen zuzuweisen, die ganz anders als ihr eigener Charakter sind: Ein schüchternes Kind wird zum Löwen und ein wildes Kind spielt das Mäuschen. Auch hier fragen Sie zum Schluss, ob sich die Kinder wohl in ihrer Haut gefühlt haben und wie sie das Spiel erlebt haben.

Der König – Die Königin   *Theater spielen*

In jeder Gruppe gibt es Kinder, die gerne bestimmen, und andere, die eher ruhig sind. Für beide – sowohl für die Ruhigen als auch für die Bestimmer – ist es eine interessante Erfahrung, einmal eine andere Rolle zu erproben.

Material:
gelber Tonkarton, Schere, Klebstoff, Stöcke, Styroporkugeln, Farbe und Material zum Verzieren, rote Tücher

Basteln Sie mit den Kindern Requisiten, die ein König/eine Königin braucht. Das ist natürlich vor allem eine Krone, die Sie leicht aus dickerem gelben Tonkarton ausschneiden und kleben können. Basteln Sie mit den Kindern ein Zepter aus einem Stock und einer bemalten und mit Glitzer beklebten Styroporkugel. Ein rotes Tuch wird zum Umhang.

Der König/die Königin darf auf dem Thron Platz nehmen. Der Thron kann ein erhöhter Stuhl sein oder ein Stuhl mit einem Überwurf. Fünf andere Kinder sind die Dienerinnen und Diener. Und nun darf der Herrscher nach Lust und Laune herumkommandieren. Natürlich darf er nichts Gefährliches verlangen. Aber er kann seine Bediensteten im Raum umherschicken, Sachen bringen und wegbringen lassen, er kann sie auffordern, ihm Luft zuzufächeln oder sich Lieder vorsingen lassen – der Fantasie sind keine Grenzen gesetzt.

Der Rest der Gruppe schaut zu. Nach einigen Minuten wird gewechselt, so dass möglichst alle Kinder in beide Rollen schlüpfen können.

Tipp:
Wichtig ist es, nach jeder Spielrunde gemeinsam mit den Kindern zu besprechen, wie es ihnen in den jeweiligen Rollen ergangen ist.

Wenn Indianerinnen Tiger jagen

Jonathan, Peer und Dario sind die Tigerbande. In die Tigerbande dürfen nur Jungen. Jungen mit Tigerblut in den Adern. Jungen, die laut fauchen können. Wenn die Tiger auf Mädchen treffen, dann fletschen sie die Zähne und wetzen ihre Krallen. Sie schleichen sich von hinten an, wenn Zoe, Ela und Melek Bäckerei im Sandkasten spielen. Schleichen sich an mit Samtpfoten, um dann lautstark zu brüllen: „Jungen sind stark, Mädchen sind Quark." Und dann machen sie mit ihren Händen gefährliche Krallen.

So wird der Spielplatz zum Tigergehege. Und die Mädchen, das sind die Rehe, die versuchen, dem hungrigen Maul der Raubkatzen zu entkommen. Wenn die Rehe davonrennen, werden aus den Tigern wieder Jungen, die sich vor Lachen biegen und immer wieder singen: „Jungen sind stark, Mädchen sind Quark." Und dann treten die Jungen auf die Kuchen, die die Mädchen gebacken haben.

Doch eines Morgens hat Ela eine Idee. „Wir müssen einen Plan machen." Die Mädchen stehen am Klettergerüst und gucken verschwörerisch. Jonathan, Peer und Dario kommen neugierig herbei. Ela verstummt. Zu den Jungen gewandt sagt sie: „Das ist Mädchensache, ihr Tigerbabys."
„Ich bin auch ein Mädchen", sagt Dario mit einer hohen Stimme und lacht sich kaputt.

Ela dreht ihm den Rücken zu, nimmt Zoe und Melek an die Hand, und alle laufen zur Nestschaukel. Ela setzt sich ins Nest, während Zoe und Melek sich oben auf den Rand stellen und Anschwung geben.
„Hier sind wir sicher, hier ist unser Tipi." Ela fängt an zu tuscheln. Zoe und Melek kichern.

Peer, Jonathan und Dario rutschen. Plötzlich ertönt lautes Geschrei. Die Mädchen erscheinen wie aus dem Nichts. „Attacke!", rufen sie. „Auf sie mit Gebrüll. Hier kommen die Indianerinnen!" Und dann schreien sie ganz laut und hoch. Die Jungen versuchen zu entkommen.

Aber die drei Indianerinnen sind schneller. Die Tiger machen schon im Sandkasten schlapp. Und dann landen alle im Sand. „Von wegen Mädchen sind Quark", ruft Ela, die Anführerin der Indianerbande. „Mädchen sind stark", sagt Melek. Zoe fügt hinzu: „Und Indianerinnen sind noch stärker!" Dann kitzelt sie Peer, den Tigerboss, kräftig durch.

Impulse zu „Wenn Indianerinnen Tiger jagen"

Inhalt der Geschichte in Kürze

In der Kita gibt es eine Jungs-Bande. Jonathan, Peer und Dario sind die Tiger, die gerne die Mädchen ärgern. So lange, bis die Mädchen eine Idee haben: Warum gründen sie nicht auch eine Bande? Und wenig später jagen Zoe, Ela und Melek als Indianerinnen die Jungen.

Wie war das noch mal? – Fragen zum Textverständnis

- Wer gehört zur Tigerbande?
- Dürfen auch Mädchen in die Tigerbande?
- Wen ärgern Jonathan, Peer und Dario immer?
- Was hat Ela für eine Idee?
- Was ist ein Tipi?
- Warum haben die drei Mädchen auch eine Bande gegründet?
- Wer ist schneller – die Mädchen oder die Jungen?
- Verstehen sich die Mädchen und die Jungen am Ende der Geschichte?

Und was sagt ihr dazu? – Redeanlässe zur Geschichte

- Seid ihr in einer Bande oder einem Club?
- Wie ist es, in einer Bande oder einem Club zu sein?
- Was ist das Besondere an eurer Bande?
- Sind Mädchen anders als Jungen und Jungen anders als Mädchen?
- Gibt es für euch etwas, was nur Jungen machen und etwas, was nur Mädchen machen?
- Sind Jungen stärker als Mädchen?
- Wie ist es in der Geschichte: Gibt es einen Unterschied zwischen der Tigerbande und den Indianerinnen?
- Wie wäre es, wenn in der Tigerbande auch Mädchen wären?

Tiger und Indianerinnen *Ausmalen*

„Attacke!", rufen die Indianerinnen und verfolgen die Jungen aus der Tigerbande.

Eisscholle *Spielen*

Kooperationsspiele fördern das Zusammengehörigkeitsgefühl, das für Kinder sehr wichtig ist. Und sie machen klar, dass es auf jeden Einzelnen ankommt.

Material:
Teppichfliesen

Es gibt zwei Varianten dieses Eisschollen-Spiels. Für beide braucht man Teppichfliesen und viel Platz.

Variante 1:

Verteilen Sie einige Teppichfliesen im Raum. Die Kinder laufen – gerne mit Musik – im Raum umher. Wenn Sie die Musik ausstellen oder Stopp rufen, müssen sich die Kinder auf die Eisschollen retten. Und zwar so, dass kein Kind im kalten Wasser erfriert. Das heißt, dass die Kinder sich ganz eng knubbeln und festhalten müssen, damit alle auf den Fliesen ihren Platz finden.

Variante 2:

Die Kinder bilden Mannschaften mit je drei oder vier Mitspielern (je nach Größe der Teppichfliesen). Jeweils zwei Mannschaften treten gegeneinander an. Jede Mannschaft steht auf einer Eisscholle (Teppichfliese) an einer Wand. Vor ihnen liegt eine zweite Eisscholle. Nun gilt es, sich gemeinsam von Eisscholle zu Eisscholle zum Festland (an der gegenüberliegenden Wand) zu bewegen. Dazu müssen alle Kinder von der einen auf die andere Eisscholle wandern, dann wird die erste Eisscholle bewegt – und vorwärts geht es. Kein Kind darf ins Wasser fallen. Gewonnen hat die Mannschaft, die als Erstes das Festland erreicht.

Mädchen und Jungen   *Vorlesen*

Ich bin ein Mädchen,
und ich spiel' Eisenbahn.
Ich bin ein Mädchen,
das gut Häuser bauen kann.

Ich bin ein Junge,
und ich fahr' Puppenwagen.
Ich bin ein Junge,
da brauchst du nicht fragen.

Ich bin ein Mädchen,
und ich balge mich gern.
Ich bin ein Mädchen,
Pferde sind mir fern.

Ich bin ein Junge,
und ich mag gerne Glitzer.
Ich bin ein Junge
und hasse schnelle Flitzer.

Ich bin ein Mädchen,
bin mal laut und mal leise.
Und ich bin ein Junge,
mach' alles auf meine Weise.

Mädchen und Jungen
sind mal hart und mal weich.
Mädchen und Jungen,
anders und gleich.

Andrea Behnke

Morgens sind Winterjacken doof

Draußen ist es noch dämmerig. Nella gähnt laut. Sie ist überhaupt nicht wach. „Warum muss ich mitten in der Nacht in die Kita?", fragt sie.
„Es wird Winter. Da ist es morgens noch dunkel", sagt Mama. Sie kramt in Nellas Kleiderschrank und zieht einen Anorak hervor. Den aus dem letzten Jahr, einen braunen mit bunten Sternen.

„Die soll ich anziehen?" Nella schaut Mama entgeistert an. „So eine Babyjacke?"
„Das ist doch eine völlig normale Jacke", meint Mama.
„Ich zieh' die nicht an." Nella zerrt ihre Sommerjacke vom Bügel. „Die will ich."
„Die geht aber nicht", sagt Mama. „Es nieselt. Und es ist kalt geworden."

Nella zieht die dunkelblaue Sommerjacke an und setzt ihren Rucksack auf.
„Wir können gehen", sagt sie und gähnt noch einmal.
„Nella!", ruft Mama, „du ziehst jetzt sofort die dicke Jacke an."
„Nein. Die ist doof." Kräftig stampft Nella mit dem Fuß auf. „Doofe Jacke. Babyjacke."
„Sie passt dir noch. Und du hast sie dir Anfang des Jahres selbst ausgesucht."

„Entweder ich gehe so, oder ich bleibe hier", sagt Nella.
Mama atmet einmal tief durch. „Du weißt genau, dass ich zur Arbeit muss. Was soll das Theater?"
„Du machst Theater. Wegen der Jacke!"
„Nella, jetzt ist Schluss!" Mamas Stimme wird streng. Ihr Blick ist dunkel wie dieser müde Morgen. Mit einem finsteren Blick nestelt Mama an Nellas Sommerjacke herum, um sie auszuziehen.

„Ich nehme die andere sowieso nicht", brüllt Nella, greift nach dem dicken Anorak und wirft ihn auf den Boden.

„Jetzt ist aber mal gut." Mamas Stimme wird laut, hektisch schaut sie auf die Uhr. „Gleich geht meine Bahn", murmelt sie, und zu Nella gewandt sagt sie: „Wenn du jetzt nicht die Jacke anziehst, dann …"

Noch bevor Mama zu Ende sprechen kann, wirft sich Nella auf den Boden. „Nein! Mache! Ich! Nicht!"

Regen prasselt an die Fensterscheiben. Mama greift nach dem Regenschirm.

„Dann kommst du jetzt so mit. Dann frierst du eben und wirst nass und erkältest dich. Wenn du dann morgen nicht auf Noras Geburtstag gehen kannst, ist das eben so."

Mit diesen Worten hält Mama die Tür auf. Ein frischer Wind weht in den Flur. Mama knöpft ihren Mantel noch weiter zu und bindet sich einen Schal um.

„Mir ist kalt", sagt Nella leise.

Erstaunt blickt Mama sich um. „Das kann doch gar nicht sein."

„Mir ist eisewinterkalt", sagt Nella, und eine Träne kullert ihre Backe herunter. „Und ich bin so müde, Mama, so müde."

Mama nimmt Nella in den Arm. „Ich kenne das. Wenn man so müde ist, dann mag man keine Anoraks."

„Ich mag den Anorak wirklich nicht", sagt Nella. Dann zieht sie ihn trotzdem an.

Impulse zu „Morgens sind Winterjacken doof"

Inhalt der Geschichte in Kürze

Nella ist noch müde. Und dann soll sie auch noch die Winterjacke anziehen, die ihr gar nicht mehr gefällt. Der Streit mit ihrer Mutter ist vorprogrammiert. Und die steht unter Druck, da sie pünktlich im Büro sein muss. Nella und Mama streiten sich – doch sie bekommen den Dreh, dass der Tag doch noch gut anfängt.

Wie war das noch mal? – Fragen zum Textverständnis

- Warum glaubt Nella, dass es noch mitten in der Nacht ist?
- Warum will Mama, dass Nella die dicke Jacke anzieht?
- Was gefällt Nella an der Jacke nicht?
- Was macht Nellas Mama, als Nella ihre Sommerjacke anzieht?
- Warum hat Nellas Mama keine Zeit?
- Wie sieht Mamas Plan aus, als Nella die Jacke auf den Boden wirft?
- Was passiert, als Mama die Tür öffnet?
- Wie endet die Geschichte?

Und was sagt ihr dazu? – Redeanlässe zur Geschichte

- Habt ihr euch schon mal mit Mama oder Papa gestritten?
- Erzählt einmal von eurem letzten Streit.
- Habt ihr euch wieder vertragen? Was ist es für ein Gefühl, wenn man sich wieder verträgt?
- Kennt ihr solche Zankereien wie die von Nella und Mama?
- Glaubt ihr, dass Nella auch so reagiert hätte, wenn sie nicht müde gewesen wäre?
- Warum werden Nella und Mama laut?
- Findet ihr es schlimm, wenn es in einem Streit laut wird?
- Wie hätten sich Nella und Mama auch einigen können?

Streitbilder *Malen*

Sammeln Sie mit den Kindern beim Gespräch im Stuhlkreis Situationen, in denen sie sich mit ihren Eltern gestritten haben. Notieren Sie sich das Erzählte, damit nichts verloren geht.

Material:
Papier, Stifte

Anschließend malen die Kinder Bilder zu den eigenen Geschichten. Dafür teilen sie das Papier in der Mitte. Auf die eine Seite kommt das Streitbild. Auf die andere Seite ein Bild, das zeigt, wie es war, als der Streit vorbei war. So gibt es einen Vorher-Nachher-Effekt.

Danach veranstalten Sie eine Ausstellung. Die Bilder werden auf Tische gelegt oder aufgehängt. Nun gibt es eine Museumsführung, bei der die Kinder nacheinander alle Bilder anschauen.

Das Kind, dessen Bild gerade betrachtet wird, erzählt noch einmal, was es gemalt hat. Die anderen Kinder dürfen die einzelnen „Künstlerinnen und Künstler" interviewen.

Abschließend folgt eine Reflexionsrunde. Wie haben die Kinder die Führung erlebt? Gab es Unterschiede bei den einzelnen Szenen? Gab es Gemeinsamkeiten? Die Bilder können noch einmal ein guter Anreiz sein, das Thema Streiten und Vertragen zu vertiefen.

Mimürfel *Spielen*

Bei Konflikten spielen Gefühle eine große Rolle. In der Geschichte von Nella und ihrer Mama kann man viele Emotionen ausmachen: Wut, Ärger und Angst zum Beispiel. Um konstruktiv mit Konflikten umgehen zu können, müssen Kinder empathisch sein und die Gefühle des Gegenübers wahrnehmen können.

Material:
Mimürfel oder Spielkarten

Wunderbare Spiele kann man mit einem Mimürfel machen. Was das ist? Ein Würfel mit Mimik, also mit verschiedenen Gesichtern, die unterschiedliche Gefühle ausdrücken. Mimürfel gibt es im Spielwarenladen zu kaufen.
Sie können aber auch einen aus Pappe basteln oder einen Rohling aus Holz selbst bemalen. Der Würfel sollte recht groß sein. Sie können auch Bildkarten gestalten und diese ziehen lassen. Welche Gefühle Ihnen wichtig sind, können Sie selbst entscheiden. Die Gefühle sollten klar und einfach zu erkennen sein.

Spielvarianten:

Die Kinder stehen im Kreis. Sie würfeln oder ziehen nacheinander Karten. Jedes Kind stellt das entsprechende Gefühl körpersprachlich dar. Entweder würfeln bzw. ziehen sie offen, so dass alle das Gefühl vorher sehen – oder aber die Gruppe muss das dargestellte Gefühl erraten.

Geleitetes Rollenspiel für Vorschulkinder:

Eine weitere Möglichkeit ist es, dass jeweils zwei Kinder gleichzeitig ziehen oder würfeln. Sie als Spielleiterin geben ein Thema vor, über das die Kinder sich unterhalten sollen – jeweils in der Stimmung, die Karte oder Würfel vorgibt.

Interessant ist es auch, wenn die Kinder in verschiedenen Stimmungen einen Satz sagen sollen. Welche Stimmungen es sein sollen, bestimmen Karten oder Würfel.

Geschichten vom Streiten und Vertragen

Wutmonster *Basteln*

Manchmal sind Kinder so wütend, dass sie nicht wissen, wohin mit ihrem Ärger. Da ist es gut, ein Wutmonster zur Hand zu haben. Das mag Wut nämlich gerne, so dass das Kind seine Wut an ihm abladen kann.

Material:
Socken, Filz, Woll- und Stoffreste

Wutmonster kann man leicht selbst basteln. Es braucht nur einen alten Socken (von Papa oder Mama). Die Sockenspitze bildet den Kopf, den die Kinder mit Füllwatte füllen. Dann binden sie mit einem festen Faden den Hals ab. Zehn Zentimeter des Sockens können stehen bleiben, darunter schneiden sie nach Lust und Laune Zacken ein.

Dann können die Kinder noch Augen aufmalen oder aufkleben und wilde Haare aus Wolle befestigen. Bei der Verzierung des Monsters sollten aber nur ganz weiche, ungefährliche Materialien verwendet werden (also Stoff, Wolle oder Filz). Denn so ein Wutmonster fliegt durchaus gerne mal umher.

Das Wutmonster darf angemeckert werden, es kann auch bei Bedarf in der Ecke landen. Das haben Wutmonster gerne. Und dem wütenden Kind geht es anschließend besser.

Tipp:
Vielleicht finden die gesammelten Wutmonster ja einen gut sichtbaren Platz im Gruppenregal?

Schnee aus Papier

Ein Regennachmittag. Mitten im Winter.
„Ich möchte Schlitten fahren", mault Simon. „Warum schneit es nicht?"
„Ist zu warm", sagt Clara, seine kleinere Schwester.
„Ach was!" Simon verdreht die Augen.

„Wir können ja was malen", schlägt Mama vor.
„Malen ist blöd", sagt Simon.
„Lass uns doch Schneemänner malen. Und Schlitten. Dann können wir uns den Winter in die Wohnung holen."
Mama schaut die beiden aufmunternd an.

Clara holt sofort Papier aus dem Malkorb, während Mama den Köcher mit den Buntstiften auf den Tisch stellt. Ein wenig lustlos nimmt sich Simon auch ein Blatt. Alle fangen an zu malen. Auf Claras Papier entsteht eine ganze Schneelandschaft. Da stehen Bäume mit Schnee auf den Ästen, Kinder machen eine Schneeballschlacht und rollen große Schneebälle. Simon malt einen Schneemann.

„Ich kann keine Schneemanngesichter malen. Das sieht gar nicht echt aus wie eine Möhre", nörgelt er.
„Der ist doch hübsch", meint Mama.
„Gar nicht!"
„Nimm doch diese Farbe für die Nase." Mama hält ihm einen orangefarbenen Stift hin.
„Jetzt sieht die Nase aus wie ein Schnabel", sagt Simon.
„Ist eben ein Schneevogel." Clara lacht.

Da nimmt Simon einen dicken schwarzen Buntstift und macht ganz viel Krickelkrakel über seinen Schneemann.
„Simon!" Erschrocken schaut Mama auf das Papier, das Simon wie einen Schneeball zusammenknüllt. In hohem Bogen fliegt das Papier in den Abfall.

„Ui", macht Clara.
„Ich kann nicht so schön malen wie die!", schreit Simon.

„Kannst du doch." Mama versucht ihn zu beruhigen.
„Gar nicht. Und dabei ist die kleiner als ich."
„Aber Simon ...", setzt Mama an, doch da ist Simon schon aus der Küche in sein Zimmer gerannt.

Beim Abendessen muss er immer auf die Schneelandschaft von Clara schauen, die am Kühlschrank hängt. So eine dumme Schneelandschaft. Die ersetzt auch keinen echten Schnee.

Als Mama, Papa und Clara ins Wohnzimmer gehen, um ein Spiel zu spielen, bleibt Simon noch einen Moment in der Küche. Dann nimmt er Claras Bild, zerreißt es in winzige Stücke und lässt sie zu Boden rieseln. Kleiner Papierschnee. Er blickt den Schnee-Schnipseln nach, die lautlos auf den Fliesen landen.
Da steht Clara in der Tür. Sie blickt zum Kühlschrank und zum Boden und fängt sofort an zu weinen.
„Du bist so gemein", schreit sie. „Ich will einen anderen Bruder. Und nicht so einen gemeinen."
„Mama macht viel mehr mit dir als mit mir. Deshalb kannst du besser malen als ich." Auch Simons Augen füllen sich mit Tränen. „Das ist unfair."
„Und du bist fies."
„Bin ich nicht." Simon schluchzt, dass seine Schultern beben.

Erstaunt schaut Clara ihn an. Sie wischt sich die Tränen ab. Simon kann gar nicht mehr aufhören, es regnet richtig aus seinen Augen. Clara murmelt: „Male ich eben ein neues Bild" und streichelt Simons Hand.

Mama schaut um die Ecke.
„Was ist denn hier los?", fragt sie.
Clara schnieft einmal laut und antwortet: „Nichts. Es hat nur endlich geschneit."

Impulse zu „Schnee aus Papier"

Inhalt der Geschichte in Kürze

Die Geschwister Clara und Simon malen zusammen mit ihrer Mama. Simon, der Ältere, meint, dass Clara viel besser malen kann als er. Er ist neidisch. Und wie sich später herausstellt auch eifersüchtig auf seine kleine Schwester. Vor lauter Traurigsein zerreißt er heimlich das Bild von Clara.

Wie war das noch mal? – Fragen zum Textverständnis

- Wie findet Simon Malen?
- Was möchte er lieber machen?
- Was passiert mit Simons Bild?
- Warum macht er das?
- Wie findet Simon das Bild von Clara?
- Was macht er heimlich mit Claras Bild?
- Wie geht es Clara, als sie die Schnipsel entdeckt?
- Warum ist Clara nachher nicht mehr böse auf ihren Bruder?

Und was sagt ihr dazu? – Redeanlässe zur Geschichte

- Wer von euch hat Geschwister? Sind sie kleiner oder größer?
- Wie ist es, der kleine Bruder oder die kleine Schwester zu sein – oder andersherum der große Bruder oder die große Schwester?
- Und die von euch, die keine Geschwister haben: Wünscht ihr euch einen Bruder oder eine Schwester? Warum?
- Zankt ihr euch mit euren Geschwistern? Erzählt einmal.
- Wollte Simon wirklich das Bild seiner Schwester zerreißen? Oder warum hat er das getan?
- Simon ist eifersüchtig auf seine Schwester und ein bisschen neidisch. Wisst ihr, was Neid und Eifersucht sind? Kennt ihr Beispiele?
- Was glaubt ihr: Mag Simon seine Schwester oder mag er sie nicht?
- Clara hat Mama nichts erzählt von dem Streit. Wie findet ihr das?

Paarlauf mit Hindernis *Spielen*

Jedes Kind kennt Gefühle wie Neid und Eifersucht. Gerade zwischen Geschwistern sind diese besonders ausgeprägt – aber auch unter Freundinnen und Freunden. Kinder neigen oft dazu, sich mit anderen zu vergleichen.
Bei Kooperationsspielen erleben die Kinder, wie es ist, wenn jeder Einzelne zählt. Nur gemeinsam sind die Kinder stark.

Material:
Toilettenpapierrollen, Bierdeckel, Bälle, Kissen o. Ä.

Beim Paarlauf tun sich – wie der Name schon sagt – immer zwei Kinder zusammen. Die Kinder können sich entweder selbst finden oder aber Sie stellen ganz gezielt Paare zusammen. Sie sollten in etwa gleich groß sein.

Die Kinder laufen zu zweit durch den Raum – unter erschwerten Bedingungen. Denn zwischen ihnen klemmt eine Toilettenpapierrolle, die nicht hinunterfallen darf. Zunächst ist es am einfachsten, die Rolle seitlich zwischen den Hüften zu platzieren. Sie kann auch zwischen den Köpfen, den Knien oder den Schultern platziert werden. Mit einiger Übung funktioniert es auch, wenn die Kinder die Rolle Po an Po transportieren, dann muss ein Kind rückwärts laufen und sich führen lassen.

Die Paare bekommen nach und nach Aufgaben gestellt: Beispielsweise sollen sie einen Gegenstand aus dem Regal holen oder vom Tisch nehmen, sie sollen in die Hocke gehen oder hüpfen. Die Kinder werden merken, dass das nur funktioniert, wenn sie sehr stark aufeinander achten und Rücksicht nehmen.

Tipp:
Jüngere Kinder machen den Paarlauf mit einem Kissen, das ist einfacher. Eine schwierigere Version für ältere Kinder: Paarlauf mit Ball oder Bierdeckel.

Schnee aus Papier

Audio-Wut-Collage *Erzählen*

Jedes Kind kennt Streitigkeiten in der Familie, denn Zankereien gehören zum Familienleben dazu.

Material:
Aufnahmegerät (evtl. Computer), Leerkassetten oder CDs, Papier, Stifte

Laden Sie die Kinder ein, ihre Streiterlebnisse zu erzählen. Damit das Erzählte nicht verpufft, nehmen Sie die Erzählungen auf. Sie können zum Beispiel Satzanfänge vorgeben wie „Als wir uns mal zu Hause gezankt haben, da …", oder Sie fassen die Geschichte von Clara und Simon kurz zusammen und fragen dann nach den eigenen Erfahrungen.

Für die Aufnahmen können Sie den alten Kassettenrecorder mit Mikro wiederbeleben. Vielleicht haben Sie auch ein Diktiergerät, so dass Sie die digital aufgezeichneten Erzählungen auf den Computer übertragen und CDs brennen können. Vielleicht arbeitet gar jemand von den Eltern beim Hörfunk oder im Internetbereich oder ist privat computeraffin. Dann kann das Aufgenommene nämlich noch bearbeitet und zusammengeschnitten werden.

Die Kinder können dann die Einleger für die Kassetten- bzw. CD-Hüllen gestalten, indem sie Papier zurechtschneiden und bemalen.

Eine solche Hörcollage kann auch daheim ein guter Anlass sein, sich in der Familie über Streitigkeiten zu unterhalten.

Achtung:
Wenn Sie den Kindern die CDs mit sämtlichen Kinderstimmen mit nach Hause geben, sollten Sie sich das Einverständnis der Eltern einholen.

Das Lied der Gefühle *Singen*

In Konflikten ist es wichtig, seine eigenen Gefühle erkennen zu können. Ein Lied rund um Gefühle hilft den Kindern, Gefühle beim Namen zu nennen.

Wenn ich froh bin ...
(Melodie: Von den blauen Bergen kommen wir)

Bin ich fröh-lich, dann klatsch ich in die Hand, bin ich fröh-lich, dann klatsch ich in die Hand, bin ich fröh-lich, ja ich weiß es, bin ich fröh-lich, ja ich weiß es, bin ich fröh-lich, dann klatsch ich in die Hand,

2. Bin ich wütend, dann stampf ich mit dem Fuß ...
3. Bin ich albern, dann erzähl ich einen Witz ...
4. Hab ich Angst, dann ruf ich laut: „Hau ab!"
5. Bin ich traurig, dann hol ich meinen Freund ...
6. Bin ich glücklich, dann ruf ich laut: „Hurra!"

Die Kinder stehen im Kreis und singen das Lied. Dazu führen sie die passenden Bewegungen zum Text aus – also sie klatschen, stampfen und so weiter.

Schnee aus Papier

Ich kann etwas *Malen*

Eifersucht und Neid sind die eine Seite der Medaille, Selbstbewusstsein im besten Sinne des Wortes ist die andere. Ebenso wie Simon, der in der Geschichte an sich und seinem Können zweifelt, geht es vielen Kindern. Umso wichtiger ist es, die Kinder stark zu machen.

Material:
Papier, Stifte, Schnur

Lassen Sie die Kinder malen, was sie besonders gut können. Diese „starken Bilder" kommen dann an eine Schnur, die quer durch den Gruppenraum gespannt wird. So sind die Bilder für alle immer sichtbar.

Alternativ können sich die Kinder im Stuhlkreis erzählen, worin sie stark sind. Reihum darf jedes Kind den Satz „Ich kann gut ..." zu Ende führen.

Variante für Vorschulkinder:
Etwas ältere Kinder können auch sagen, was sie am Kind neben sich toll finden. Hier geht es dann darum, den Satz „Ich finde toll an dir, dass ..." zu vollenden.

Tipp:
Die Frage „Was ich besonders an dir mag" steht auch in vielen Freundebüchern. Somit ist es für die Kinder nicht fremd, darüber nachzudenken, was sie an anderen schätzen und wofür sie sie vielleicht sogar bewundern.

Zusammen- leben

Patentante Ida

Ida schaut auf die Fotos, die an der Wand hängen. Zu sehen sind immer ein großes Kind und ein kleines Kind. Die große Ida und der kleine Noah, der erst im Sommer ein Kitakind geworden ist. Ida wird schon bald ein Schulkind. Und wer bald ein Schulkind sein wird, der bekommt ein Patenkind.

Zu Hause, in ihrem Album, da klebt ein Bild, das zeigt Ida, als sie gerade in die Kita gekommen ist. Ida mit einer Latzhose und kurzen Haaren. Neben ihr steht ein Mädchen, das weit über einen Kopf größer ist als sie. Das ist Leonie, die inzwischen schon längst in der Schule ist.

Jetzt ist Ida richtig stolz, die Patin von Noah zu sein. Endlich selbst Patin zu sein. Denn das ist eine ganz große Aufgabe, die Ida sehr ernst nimmt. Wenn die Kinder rausgehen, hilft sie Noah beim Anziehen.

„Ich zeige dir mal, wie man eine Schleife macht", sagt sie.

Und dann nimmt sie einen Senkel von Noahs Halbschuh und macht ein Öhrchen, dann noch eines und zieht die Schleife fest. Bewundernd schaut Noah sie an.

Ida hält ihm die Jacke hin und zieht den Reißverschluss hoch. Als sie ihm die Mütze aufsetzen will, sagt Sonja, die Erzieherin: „Lass ihn das mal alleine machen, du musst ihm nicht alles abnehmen." Aber Ida macht das gerne.

Doch eines Tages will Ida Noah beim Puzzeln helfen, und da sagt Noah: „Kann ich alleine." Er rafft alle Puzzleteile zusammen und macht nicht weiter, bis Ida mit ihren Freundinnen in der Bauecke verschwindet. Später will sie mit Noah das Klettern an der Kletterwand auf dem Spielplatz üben. Noah hingegen spielt lieber mit den anderen Jungen Fußball.

Idas Freundin Samina fragt Ida, ob sie nicht mitspielen will, Polizei und Dieb und so. Aber Ida will nicht. Sie setzt sich alleine auf den Rand des Sandkastens und beobachtet Noah, der mit Julian und Paul und Sebastian umherrennt und Tore zwischen die Büsche schießt. Ihr kleiner Noah als großer Torschütze.

Sonja setzt sich neben sie.
„Ein toller Fußballer, der Noah, was?", fragt sie.
„Mmmh", macht Ida.
„Er hat ja auch eine tolle Patin."
„Findet der gar nicht", platzt es aus Ida heraus. „Der mag mich nicht mehr."
„Wie kommst du denn da drauf?" Sonja guckt sie erstaunt an.
„Der will gar nicht mehr, dass ich ihm was zeige."
Sonja lächelt. „Weil du ihm schon so viel gezeigt hast", sagt sie. „Er fühlt sich so sicher, weil du das ganze Jahr für ihn da warst. Und jetzt wird es Zeit, dass er auch andere Freunde findet."

Ida überlegt. Ob Sonja recht hat? Ida geht ja bald in die Schule, dann wäre Noah ganz einsam. Noah winkt ihr zu. „Sollen wir gleich rutschen?", ruft er.
Ida nickt.
„Aber erst will ich mit Samina und den Mädchen Polizei und Dieb spielen."
Sie rennt zu ihren Freundinnen und ruft: „Ich bin dann wohl der Verbrecher, der die ganzen Goldmünzen geklaut hat."

Impulse zu „Patentante Ida"

Inhalt der Geschichte in Kürze

Ida ist stolz: Sie ist die Patin von Noah. Sie zeigt ihm alles. Bis Noah eines Tages viele Dinge alleine machen will. Das trifft Ida hart. Mag Noah sie nicht mehr? Doch schließlich versteht sie: Noah ist groß geworden und stark, weil sie ihm den Einstieg in die Kita so leicht gemacht hat. Und bald wird sie nicht mehr in der Kita sein, sondern in der Schule ...

Wie war das noch mal? – Fragen zum Textverständnis

- Warum sind Ida und Noah zusammen fotografiert worden?
- Warum ist Ida stolz, eine Patin zu sein?
- Was zeigt Ida Noah und wobei hilft sie ihm?
- Warum möchte Sonja, die Erzieherin, dass Noah sich alleine die Mütze aufsetzt?
- Warum will Noah eines Tages alles alleine machen?
- Wie geht es Ida dabei?
- Was erklärt Sonja Ida?
- Was denkt Ida da?

Und was sagt ihr dazu? – Redeanlässe zur Geschichte

- Wisst ihr, was es heißt, Verantwortung für jemanden zu übernehmen?
- Ist es wichtig, dass größere Kinder kleineren Kindern helfen?
- Habt ihr kleinere Geschwister oder ein Haustier, um das ihr euch kümmert?
- Wo habt ihr schon einmal Verantwortung für jemanden übernommen? Vielleicht für ein kleineres Kind?
- Was ist es für ein Gefühl, wenn man Verantwortung für jemanden hat?
- Was macht ihr, wenn ihr Verantwortung für jemanden habt?
- Warum ist es wichtig, dass Ida Noah Dinge alleine machen lässt?
- Wenn Ida in die Schule kommt, ist Noah nicht mehr der Kleinste im Kindergarten. Wie wird es ihm dann gehen?

Groß und Klein *Ausmalen*

Die Großen unterstützen die Kleinen: Ida ist Noahs Patin. Das macht sie sehr stolz.

Roboter *Spielen*

Verantwortung zu übernehmen – das kann man im Spiel gut lernen. Das Roboter-Spiel ist eines, das viel Spaß macht. Dafür brauchen Sie einen möglichst freien Raum.

Die Kinder bilden Dreiergruppen. Ein Kind ist der Maschinenmann, die beiden anderen Kinder sind Roboter. Der Maschinenmann ist für beide Roboter verantwortlich: Die Roboter sollen nicht mit anderen Robotern zusammenstoßen und auch nicht vor die Wand laufen. Dazu muss der Maschinenmann beide Roboter im Blick behalten.

Steuern kann er die Roboter, indem er ihnen auf die rechte Schulter tippt, so dass sie rechts herum laufen – und auf die linke Schulter, damit sie links herum laufen. Ohne Signal gehen die Roboter einfach nur geradeaus. Steht ein Roboter vor einem Hindernis, tillt er aus und gibt laute Robotertöne von sich.

Tipp:
Jüngere Kinder bekommen nur einen Roboter. Je jünger die Kinder, desto weniger Paare bzw. Dreiergruppen sollten Sie auf einmal losschicken.

Hängematte *Entspannen*

Welches Kind lässt sich nicht gerne schaukeln! Für diese Aktion brauchen Sie eine stabile Wolldecke oder ein großes Badehandtuch. Zwei Kinder pro Seite halten das Tuch so fest, dass sich eine Hängematte bildet.

Material:
großes stabiles Badetuch oder Wolldecke, ggf. Weichbodenmatte

Ein Kind darf sich in die Hängematte hineinlegen und wird geschaukelt. Die vier Kinder übernehmen Verantwortung für das Kind, das liegt.

Während das Kind sich schaukeln lässt, singen die anderen:

„Die / der ... wird geschaukelt, geschaukelt, geschaukelt,
die / der ... wird geschaukelt – bis in den Himmel hinein!"

Danach wird gewechselt. Die meisten Kinder wollen unbedingt geschaukelt werden. Doch wenn ein Kind Bedenken hat, sollte es einfach zuschauen dürfen. Für manche Kinder ist es angenehmer, wenn Sie als Erwachsene auch mitmachen.

Tipp:
Ist die Gruppe eher wild oder sind die Kinder noch jünger, sollte man dieses Spiel am besten auf einer weichen Matte spielen. So kann nichts passieren.

Ben und der böse Wolf

Jeden Montag macht Ben mit seiner Kitagruppe einen Spaziergang in den Wald. Und jeden Montag hat Ben Angst. Denn auch viele Hunde gehen Gassi. Und Ben mittendrin. Ben meint, dass viel mehr Hunde als Menschen im Wald sind. Aber das ist natürlich Quatsch.

Wenn ein Hund an Ben vorbeigeht, muss Ben sofort an den bösen Wolf denken. Warum hast du so große Augen? Warum hast du so große Ohren? Und warum hast du so einen großen Mund?

Dann beneidet Ben die Vögel, die hoch oben in den Wipfeln zwitschern. Am liebsten hätte Ben Flügel und würde davonfliegen. Weit, weit über die Tannen hinweg. Von dort würde jeder Hund wie eine Ameise aussehen, so klein. Eine zahnlose Ameise.

Doch stattdessen bleibt Ben stehen. Einfach nur stehen. Wie einer von den vielen Bäumen im Wald, mit Wurzeln in der Erde. Schuhe als Wurzeln, die sich in den Boden graben.

Ein Mann mit einem gelockten Pudel kommt vorbei.
„Ben, wir gehen einfach weiter – schau, der ist doch an der Leine, der Hund." Renate, die Erzieherin, nimmt Ben an die Hand. Doch Ben kann nicht. Renate hätte ihn ziehen müssen, so wie einen Hund, der am Stamm schnuppert und nicht weitergehen will. Der gelockte Pudel bleibt auch stehen und schaut Ben neugierig an.
Ben möchte schreien, aber der Schrei bleibt unten in der Kehle sitzen. Dafür bellt der Hund, einmal kurz, aber doch lang genug, damit Ben seine Zähne sehen kann. Kleine weiße Zähne, für Ben sind es Wolfszähne, wie im Märchen.

„Entschuldigung", sagt der Mann. „Das machst du mir nicht noch mal, Charly, gell, Charly." Er lacht. Die anderen Kinder lachen auch. Nur Ben ist nicht zum Lachen zumute. Gar nicht. Wieder so ein blöder Waldtag. Aus dem Augenwinkel sieht er Luise, die etwas abseits steht. Sie lacht nicht mit.

Als Mama ihn an dem Nachmittag abholt, kommt auch Luises Oma. Und sie hat einen Dackel dabei. Luise rennt auf ihre Oma zu und umarmt den Dackel, der erfreut an ihr hochspringt.
Ben versteckt sich hinter Mama. „Jetzt kommen die Wölfe schon in die Kita", denkt er und will nur weg von hier. Als der Dackel an seinen Schuhen schlecken will, ist es wieder da, das Gefühl, nicht mehr laufen zu können.

„Du magst keine Hunde, was?", hört er da Luises Stimme.
„Nee, gar nicht", antwortet er. Und dann fasst er sich ein Herz und sagt: „Ich habe Angst."
Jetzt ist es raus. Ob sich Luise jetzt über ihn lustig macht?
Aber sie sagt: „Wenn du Lust hast, kannst du ja mal mit zu meiner Oma kommen. Denn der Herr Waldmeister hier", sie zeigt auf den Dackel, „ist ein guter Kumpel zum Üben, weißt du."

„In echt?", fragt Ben. Mama, Luise und die Oma nicken gleichzeitig. Und fast scheint es so, als wenn Herr Waldmeister auch nicken würde. Seine langen Schlappohren, die fast bis zum Boden reichen, schlackern hin und her.
„Herr Waldmeister ist ein lustiger Hundename." Ben wundert sich, dass er reden kann, obwohl ein Dackel neben ihm steht. Ein Dackel, der gar nicht aussieht wie ein Wolf.
„Der ist ein Wackelpudding", ruft Ben und kichert. Luise kichert auch.

Impulse zu „Ben und der böse Wolf"

Inhalt der Geschichte in Kürze

Ben geht mit seiner Kitagruppe im Wald spazieren. Doch da sind immer so viele Hunde. Und Ben hat Angst vor Hunden. Dolle Angst. Die anderen Kinder lachen ihn aus. Nur Luise nicht. Luises Oma hat einen Dackel. Daher schlägt Luise vor, dass Ben mit dem Dackel „Angst vertreiben" üben könne.

Wie war das noch mal? – Fragen zum Textverständnis

- Warum geht Ben nicht gerne im Wald spazieren?
- Warum denkt Ben an Wölfe, wenn er Hunde sieht?
- Warum hätte Ben gerne Flügel?
- Ist der gelockte Pudel böse?
- Warum lachen die anderen Kinder? Und warum lacht Ben nicht mit?
- Wen hat Luises Oma am Nachmittag dabei?
- Was schlägt Luise Ben vor?
- Wie geht es Ben am Ende der Geschichte?

Und was sagt ihr dazu? – Redeanlässe zur Geschichte

- Habt ihr schon mal Angst vor etwas gehabt?
- Was ist Angst für ein Gefühl? Wie fühlt es sich an?
- Was hilft euch, wenn ihr Angst habt?
- Warum schämt sich Ben dafür, dass er Angst hat?
- Wie fühlt Ben sich, als die anderen Kinder lachen?
- Warum lacht Luise nicht mit den anderen Kindern?
- Was könnte Ben gegen seine Angst tun?
- Wie findet ihr Luises Plan?

Ben und die Hunde *Theater spielen*

Erstellen Sie mit den Kindern Papiertheaterfiguren. Dafür malen die Kinder die Hauptfiguren der Geschichte auf: Ben, Luise, die Erzieherin, ein paar andere Kinder, Mama und die Oma. Nicht fehlen dürfen natürlich der Pudel aus dem Wald und der Dackel der Oma.

Material:
Papier, Pappe, Klebstoff, Stifte, Eisstiele

Die Kinder schneiden die Figuren aus und kleben sie auf Pappe. An die Rückseite kommt jeweils ein Eisstiel: Fertig sind die Spielfiguren.

Lassen Sie die Kinder die Geschichte von Ben und den Hunden noch einmal erzählen. Dabei können Sie die Geschichte in drei Teile unterteilen:
- Erst hat Ben Angst und wird ausgelacht.
- Luise lacht nicht mit.
- In der Kita nähert sich Ben mit Hilfe von Luise dem Dackel an.

Die Kinder können die Geschichte mit ihren Figuren zunächst nachspielen.

In einem zweiten Schritt können Sie sie auffordern, den Mittelteil anders zu spielen: Was hätte im Wald auch passieren können? Wie hätten sich die anderen Kinder verhalten können? Wie wäre es Ben dann gegangen?

Zuletzt dürfen die Kinder die Geschichte weiterspinnen. Werden sich Ben und Luise bei der Oma treffen? Was wird aus Bens Angst vor Hunden? Gerne können die Kinder mehrere Varianten auf die Bühne bringen.

Gefühlsfotos *Basteln*

Gefühle wahrnehmen, bei sich selbst und bei anderen, das ist ein Lernprozess. Beim Gestalten mit den Händen können Kinder ihren Gefühlen Ausdruck verleihen.

Material:
Fundstücke aus der Natur, weißes Laken, Fotoapparat

Naturmaterialien eignen sich besonders gut zum Legen der Gefühlsbilder. Gehen Sie mit den Kindern spazieren. Vielleicht gibt es bei Ihnen in der Nähe einen Park oder ein kleines Waldstück. Dort lässt sich allerhand finden: Blätter, Stöckchen, Steine, Eicheln, Moos und andere Utensilien. Die Kinder entscheiden, was sie mitnehmen wollen.

In der Kita breiten Sie dann ein weißes Laken aus. Darauf legen die Kinder gemeinsam Gefühlsbilder mit ihren Fundstücken – gerne Gefühle, die in der Geschichte von Ben eine Rolle spielen. Wie sieht Angst aus? Wie Erleichterung? Wie Enttäuschung? Wie Freude? Die Kinder beschreiben die Bilder mit ihren Worten.

Tipp:
Um die Bilder „haltbar" zu machen, machen Sie jeweils Fotos. Groß abgezogen können sie die Wände im Gruppenraum schmücken. Außerdem kann jedes Kind ein Bild von einem Gefühl seiner Wahl mit nach Hause nehmen.

Wir helfen *Malen*

Hilfsbereitschaft, andere unterstützen, füreinander da sein: Das sind wichtige Werte. In der Geschichte hilft Luise Ben.

Material:
Pappe oder Tapete, Stifte, Fotos der Kinder

Wie wäre es, wenn Sie gemeinsam mit den Kindern ein Symbol erfinden, das das gegenseitige Helfen darstellt? Sprechen Sie mit den Kindern, was sie ganz persönlich mit Hilfsbereitschaft verbinden. Das müssen nicht die helfenden Hände sein – Kinder sind oft viel kreativer mit ihren eigenen Ideen.

Den Umriss dieses Symbols können Sie dann auf eine große Pappe (oder auf Tapete) zeichnen. Jedes Kind darf ein Stück des Symbols ausmalen. Rundherum kleben Sie Fotos der Kinder. Anschließend hängen Sie das Zeichen zusammen mit den Kindern auf.

Tipp:
Wenn Sie mögen, können Sie einmal in der Woche ein Gespräch mit den Kindern an diesem Symbol führen. Was hat in dieser Woche gut geklappt? Wo haben wir zusammengehalten? Wer hat wem geholfen? Wie sah unsere gegenseitige Unterstützung aus? Ein solches Ritual schärft den Blick für Situationen, in denen das Miteinander zählt.

Wenn lange Beine Laufrad fahren

„Sollen wir das hier zu eurem Flohmarkt bringen?", fragt Mama und zeigt auf Svens Laufrad, das in der Ecke im Hausflur steht.

„Nein", sagt Sven. Er stellt sich breitbeinig vor sein Laufrad, als wenn Mama es einfach verschwinden lassen wollte.

„Das ist meins."

„Natürlich", sagt Mama. „Aber du fährst doch schon Fahrrad. Du könntest dir für das Geld etwas auf dem Flohmarkt aussuchen und den Rest in deine Spardose stecken."

„Will ich nicht." Sven schaut grimmig. „Habe das Laufrad von Omapa gekriegt."

Omapa, so nennt Sven seine Großeltern. Oma und Opa, die ihm das Laufrad zum zweiten Geburtstag geschenkt haben.

„Und jetzt will ich Laufrad fahren." Sven setzt sich den alten, zu kleinen Helm auf, der am Lenker des Laufrads baumelt. Mama seufzt.

„Dann nimm wenigstens deinen neuen Helm", sagt sie.

Sven fährt auf dem Hof mit dem viel zu kleinen Laufrad. Seine Knie reichen ihm fast bis zum Kinn. Doch er lässt das Laufrad bis zum Abendessen nicht mehr aus den Augen.

Beim Flohmarkt am nächsten Tag gibt es Sommerkleidung, Spielsachen und Bücher, und draußen im Hof stehen die Kinderwagen und Fahrzeuge: ein Roller, den Svens Freund Timo bekommt, und Rutscheautos.

Da sieht Sven die kleine Lola, die neu in seiner Gruppe ist. Dicke Tränen kullern ihr die Backen herunter. Ihre Mama nimmt sie auf den Arm.

„Mäuschen, wir schauen noch einmal woanders nach einem Laufrad. Ich verspreche es dir", tröstet sie Lola.

Doch die schluchzt. „Laufrad haben."

Sven schaut zu Boden.
„Ich suche mal Timo", murmelt er und geht wieder in den Kindergarten.
„Ich hatte der Kleinen versprochen, dass sie endlich auch ein Laufrad bekommt", sagt Lolas Mama zu Svens Mama.
„Neu sind die ja so teuer."
Svens Mama nickt. Sie streichelt Lola über den Kopf.
„Ihr findet sicher noch eins."

Auf dem Heimweg ist Sven ganz still. Zu Hause mag er sich gar nicht das neue Bilderbuch anschauen, eines mit Abenteuern, das Mama ihm auf dem Flohmarkt gekauft hat.
„Keine Lust." Sven legt sich auf den Teppich.
Besorgt fragt Mama: „Bist du etwa krank?"
Ohne einen Ton zu sagen geht Sven in den Hausflur. Mama läuft hinterher.
„Ich will's ihr schenken", sagt Sven.
Mama schaut verständnislos.
„Mein Laufrad. Lola soll es kriegen."
„Du willst es Lola schenken?"
„So wie Omapa. Die haben es mir doch auch geschenkt."
„Ja, aber ...", setzt Mama an.
„Es ist meins. Und ich darf über meine Sachen bestimmen."
Da drückt Mama Sven einmal ganz fest. „Ja, mein Großer."

Lolas Mama ist es ein wenig unangenehm, dass Sven und seine Mama kein Geld für das Laufrad haben möchten.
„Geschenkt ist geschenkt." Sven ist sich ganz sicher.
„Möchtest du sofort eine Runde flitzen?", fragt er Lola und setzt ihr seinen alten Helm auf. Und ob Lola das will.
„Ich bin ja schon lange zu groß dafür", sagt Sven zu seiner Mama und steigt auf sein Fahrrad.

Impulse zu „Wenn lange Beine Laufrad fahren"

Inhalt der Geschichte in Kürze

Sven fährt schon lange Fahrrad. Doch von seinem Laufrad mag er sich dennoch nicht trennen, denn das war ein Geschenk von Oma und Opa. Als er auf dem Flohmarkt sieht, wie die kleine Lola weint, weil es dort kein Laufrad gibt, geht es ihm gar nicht gut. Dann hat er eine Idee: Er schenkt Lola sein Laufrad.

Wie war das noch mal? – Fragen zum Textverständnis

- Warum braucht Sven sein Laufrad eigentlich nicht mehr?
- Warum möchte er es trotzdem nicht abgeben?
- Was ist mit der kleinen Lola auf dem Flohmarkt los?
- Warum kauft Lolas Mutter nicht einfach ein neues Laufrad?
- Wie geht es Sven nach dem Flohmarkt?
- Warum ist er so ruhig?
- Was ist Svens Idee – was möchte er mit seinem Laufrad machen?
- Wie geht es Sven und Lola am Ende der Geschichte?

Und was sagt ihr dazu? – Redeanlässe zur Geschichte

- Habt ihr Dinge, die ihr nicht braucht, die ihr aber nicht abgeben möchtet?
- Wie findet ihr Svens Verhalten am Anfang der Geschichte?
- Könnt ihr verstehen, dass er sein Laufrad behalten möchte?
- In der Mitte der Geschichte geht es Sven gar nicht mehr gut. Sein Gefühl nennt man „schlechtes Gewissen". Überlegt mal, was in dem Moment in Svens Kopf vor sich geht – was könnte er vielleicht denken?
- Hattet ihr auch schon einmal so ein schlechtes Gewissen? Wann denn?
- Habt ihr schon einmal etwas von euren Sachen an ein kleineres Kind verschenkt?
- Was ist das für ein Gefühl, wenn man Dinge verschenkt?
- Sven hat auf etwas verzichtet. Habt ihr auch etwas, auf das ihr verzichten könntet, um anderen Kindern eine Freude zu machen?

Geschenke tauschen *Weitermalen*

Wie fühlt sich das an, wenn man etwas verschenkt? Lassen Sie die Kinder das Geschenk füllen und ausmalen. Jedes Kind schenkt sein Bild einem anderen.

Sterntaler *Vorlesen*

Das Märchen Sterntaler bringt das Thema „Teilen und Verzichten", das für jedes Kind einen großen Entwicklungsschritt darstellt, sehr gut auf den Punkt.

Es war einmal ein Mädchen, das hatte keine Eltern mehr. Es war so arm, dass es kein Kämmerchen hatte und kein Bettchen. Es hatte nichts mehr als die Kleider auf dem Leib und ein Stückchen Brot in der Hand, das ihm ein mitleidendes Herz geschenkt hatte. Und weil es so von der Welt verlassen war, ging es hinaus ins Feld. Da begegnete ihm ein armer Mann, der sprach: „Ach, gib mir etwas zu essen, ich bin so hungrig." Es reichte ihm das ganze Stückchen Brot und ging weiter.
Da kam ein Kind, das jammerte und sprach: „Es friert mich so an meinem Kopf, schenk mir etwas, womit ich ihn bedecken kann." Da nahm es seine Mütze ab und gab sie ihm. Und als es noch eine Weile gegangen war, kam wieder ein Kind und hatte kein Leibchen an und fror. Da gab es ihm seins. Und noch weiter, da bat eins um ein Röcklein. Das gab es auch ab.
Endlich gelangte es in einen Wald, es war schon dunkel geworden. Da kam noch ein Kind und bat um ein Hemdlein, und das Mädchen dachte: Es ist dunkle Nacht, da sieht dich niemand. Es zog das Hemd aus und verschenkte es auch noch. Und wie es so dastand und gar nichts mehr hatte, fielen auf einmal die Sterne vom Himmel und waren lauter blanke Taler. Und das Mädchen hatte ein neues Kleid an, und das war von allerfeinstem Leinen. Da sammelte es die Taler hinein und war reich für sein Lebtag.

Märchen der Gebrüder Grimm, gekürzt und bearbeitet von Andrea Behnke

Sterne schenken *Aktiv werden*

Lesen Sie das Märchen vom Sterntaler vor. Vergleichen Sie mit den Kindern das Sterntaler-Mädchen und Sven aus der Geschichte. Beide teilen, sie verzichten auf etwas. Etwas freiwillig abzugeben bedeutet für Kinder einen großen Entwicklungsschritt. Sowohl die Geschichte von Sven als auch das Märchen zeigen, dass ein Kind zwar etwas loslässt, etwas nicht mehr hat, dass es stattdessen aber ganz viel zurückbekommt. Freude und Glück nämlich.

Material:
gelbes, goldenes oder silbernes Tonpapier, Fäden, Stifte, Karton

Lassen Sie die Kinder große Sterne aus gelbem, silbernem oder goldenem Papier schneiden. Befestigen Sie an jedem Stern eine Schnur. Jedes Kind malt etwas auf einen Stern, das es abgeben möchte. Das kann ein kleines Spielzeug sein oder ein geliebtes Kleidungsstück oder die Süßigkeit am Nachmittag.

Überlegen Sie gemeinsam, wer dieses Teil bekommen könnte. Jedes Kind kann einen anderen Weg finden: Das eine gibt ein Spielzeug an ein Nachbarskind, das andere schenkt die Süßigkeit seinem Bruder, und ein drittes Kind spendet ein Spiel dem örtlichen Kinderheim.

Nehmen Sie einen schönen Karton und sammeln Sie die bemalten Sterne ein. Wenn das Kind sein Versprechen eingelöst hat, darf es seinen Stern umhängen und mit nach Hause nehmen.

Puppenmütter

Nele ist unten im Hof. Doch heute spielen nur die ganz Kleinen in dem Sandkasten, der für Nele inzwischen auf die Größe eines Schuhkartons geschrumpft ist. Daher holt sie ihren Puppenwagen aus dem Keller, saust schnell noch einmal hoch und nimmt Anna aus ihrem Holzbettchen. Anna, die sie schon begleitet, seit sie zwei Jahre alt ist. Anna, ihre erste Puppe mit Haaren und Klimperaugen.

Unten läuft sie mit dem roten Puppenwagen eine Frische-Luft-Runde, wie sie es nennt: einmal um den Rasen, dann auf dem Asphalt an den Garagen vorbei und zurück entlang des Rosenbeetes wieder auf den Rasen. Rund und rund und rund.

Plötzlich merkt Nele, dass sie nicht mehr alleine auf dem Hof ist. Frau Radel aus dem Nachbareingang spaziert auch auf dem Hof umher, langsam und gebückt, mit einem Wägelchen. Behutsam setzt Frau Radel einen Fuß vor den anderen, gerade so wie Nele es macht, wenn sie auf dem Baumstamm balanciert. Nur das Wägelchen verhindert es, dass der Wind Frau Radel umbläst wie die verblühten Nelken in den Beeten.

Während Nele schon zwei Runden gedreht hat, schafft Frau Radel gerade eine halbe Runde. Als Nele Frau Radel erneut überholt, blickt diese kurz auf und lächelt Nele an. Nele, die noch nie mit Frau Radel gesprochen hat, lächelt zurück.
„Ein Wettrennen kann ich nicht mehr machen." Frau Radel schmunzelt. Nele erinnert sich daran, dass Frau Radel im Frühling noch flinken Schrittes zum Einkaufen gegangen ist. Das ist noch nicht lange her.

Auch in den kommenden Tagen trifft Nele Frau Radel immer wieder. Meistens wechseln sie nur ein paar Worte.
„Ich muss üben", sagt Frau Radel etwa, oder „Eine alte Frau ist kein D-Zug."

Einmal fragt Nele sie, was das für ein lustiges Wägelchen ist, das Frau Radel schiebt.

„Ein Rollator", sagt Frau Radel. „Ohne wird es wohl nicht mehr gehen." Sie seufzt.

„Rollator?", fragt Nele. „Was für ein blödes Wort für so einen tollen Puppenwagen."

Nele holt Anna hervor. „Ich glaube, Anna würde gerne einmal bei Ihnen mitfahren." Anna sitzt unten auf dem Brett des Rollators, ihre Klimperaugen weit geöffnet.

Nele lässt ihren Puppenwagen stehen, hakt sich bei Frau Radel ein und läuft mit ihr so lange im Hof umher, bis es Abendbrotzeit ist.

Am nächsten Morgen, als Nele in die Kita gehen will, wäre sie fast gestolpert. Vor der Wohnungstür sitzt eine Puppe, eine ganz alte mit aufgemalten Haaren und aufgemalten Augen und einem Kleid aus weißer Spitze.

Zwischen den Beinen klemmt ein Zettel, auf dem, zittrig geschrieben, steht: „Für dich, von der Puppenoma." Fast hat Nele das Gefühl, dass die Puppe ihr zuzwinkert.

Impulse zu „Puppenmütter"

Inhalt der Geschichte in Kürze

Nele geht mit ihrem Puppenwagen im Hof umher. Da trifft sie Frau Radel, eine ältere Nachbarin. Sie kann nicht mehr so gut laufen und hat deshalb einen Rollator. Für Nele ist das ein toller Puppenflitzer – sie setzt ihre Puppe darauf und läuft gemeinsam mit Frau Radel. Die schenkt ihr zum Schluss eine alte Puppe aus ihrer Kindheit.

Wie war das noch mal? – Fragen zum Textverständnis

- Wer ist Anna?
- Was nennt Nele Frische-Luft-Runden?
- Wer spaziert plötzlich neben Nele her?
- Warum geht Frau Radel im Hof spazieren?
- Wie heißt der Wagen, den Frau Radel schiebt?
- Warum braucht Frau Radel den Rollator?
- Was macht Nele mit Anna?
- Wer wartet am nächsten Morgen vor der Haustür auf Nele?

Und was sagt ihr dazu? – Redeanlässe zur Geschichte

- Glaubt ihr, dass Nele und Frau Radel Freundinnen werden?
- Wie geht es Frau Radel, als Nele mit ihr die Runden läuft?
- Wohnen bei euch im Haus oder in der Nachbarschaft ältere Menschen?
- Erzählt einmal von ihnen – was sind es für Menschen?
- Habt ihr Kontakt zu euren älteren Nachbarinnen und Nachbarn?
- Haben eure Eltern Kontakt zu älteren Menschen?
- Wie sind eure Großeltern?
- Erzählen eure Großeltern euch etwas von früher? Wenn ja: Was erzählen sie?

Meine Großeltern *Erzählen*

Die Kinder bringen Fotos von ihren Groß- und vielleicht sogar von ihren Urgroßeltern mit. Schön wäre es, wenn die Großeltern auch noch Fotos aus ihrer Kindheit hätten. Altes Spielzeug oder Bilderbücher von früher können die Kinder ebenfalls mit in die Kita bringen.

Material:
alte Fotos, alte Bücher, alte Spielsachen

Möglicherweise haben Sie selbst auch Utensilien aus alten Zeiten, die Sie den Kindern zeigen können. Puppen von früher, die noch ganz anders aussehen als die Plastikpuppen mit den Klimperaugen von heute. Blechspielzeug oder Selbstgebasteltes. Die Kinder sollen einen lebhaften Eindruck von der Kindheit in vergangenen Tagen bekommen.

Erzählen Sie ein wenig von Ihrer eigenen Kindheit und von der Kindheit Ihrer Eltern. Lassen Sie die Kinder etwas zu den Fotos erzählen, die sie mitgebracht haben. Einige Kinder haben sicher mit ihren Großeltern und Eltern auch schon über die Bilder geredet. Natürlich dürfen die Kinder (vorsichtig) mit dem alten Spielzeug spielen.

Tipp:
Wie wäre es mit einem Erzählnachmittag, zu dem Sie Großeltern einladen? Dann erfahren die Kinder aus erster Hand, wie Kinder früher gelebt haben. Das ist für sie ein sehr spannendes Erlebnis.

Alt und Jung   *Basteln*

Alt und Jung gehören zusammen. Modellieren Sie mit den Kindern gemeinsam Tierpaare: ein großes Tier und ein kleines Tier. Das große Tier stellt das Mutter- oder Oma-Tier bzw. Vater- oder Opa-Tier dar, das kleine Tier ist ein Kind. Nehmen Sie dafür weiche Modelliermasse, die an der Luft trocknet. Diese gibt es in Weiß und in Braun – besser eignet sich die weiße Masse, dann können die Kinder ihre Kunstwerke noch anmalen.

Material:
lufttrocknende Modelliermasse, Farbe

Die Kinder dürfen sich aussuchen, welche Tiere sie darstellen wollen. Vielleicht haben Sie ein Buch mit Tierfotos, vielleicht sogar eines mit Tieren und Tierbabys.

Wenn die Tierpaare durchgehärtet sind, können die Kinder sie farbig gestalten und verzieren.

Tipp:
Eine schöne Aktion ist es, wenn die Kinder ihre kleinen Skulpturen nicht behalten, sondern an ein Altenheim oder an die Mitglieder einer Seniorengruppe aus der Umgebung verschenken. Eventuell haben Sie sogar die Gelegenheit, mit den Kindern eine Seniorengruppe zu besuchen? So könnten die Kinder ihre Mitbringsel persönlich übergeben und mit den Seniorinnen und Senioren sprechen.

Brotpudding   *Backen*

Als Oma und Opa noch klein waren, hatten sie nicht so viel Geld. Lebensmittel wegzuschmeißen – das wäre nicht infrage gekommen. Vielmehr haben ihre Eltern damals jeden Rest verwertet und daraus neue Gerichte gezaubert.

Viele Rezepte sind längst in Vergessenheit geraten, andere wandern von Generation zu Generation weiter.

Machen Sie doch einfach mal mit den Kindern einen Brotpudding – nach Omas Anleitung.

Die einfachste Variante:

Zutaten:
trockene Brötchen, trockenes Baguette oder Weißbrot (wahlweise auch zur Hälfte helles und zur Hälfte dunkles Brot), Milch, Eier, Fett für die Auflaufform, ggf. Zucker und Vanillezucker

Oma machte Brotpudding in der Regel ohne Rezept, nach „Gutdünken". Ein Anhaltspunkt: ein Teil Brot, mindestens ein Teil Milch, ein halbes Teil Ei. Bei sechs trockenen Brötchen wären es also 600 ml Milch und drei Eier.

Milch, Eier sowie Zucker / Vanillezucker vermischen. Brot / Brötchen zerbröseln und mit der Flüssigkeit übergießen, so dass das Brot sich schön vollsaugt. Ggf. noch etwas Milch nachgeben. Eine Auflaufform einfetten. Den Brei hineingeben. Bei etwa 180 Grad 30 bis 40 Minuten im Ofen backen.

Sie können auch nach Lust und Laune experimentieren: Rosinen und andere Trockenfrüchte passen zum Beispiel hervorragend in einen Brotpudding, aber auch herzhafte Zutaten wie Käse schmecken lecker (dann allerdings mit einer Prise Salz anstelle des Zuckers).

Guten Appetit!

Vom Matrosen zum Kapitän

Heute ist Gummistiefeltag für Leo. Mama hat gesagt, bei diesem Matschwetter muss er Gummistiefel anziehen. Seine knallgelben. In der Kita stellt er sie an den Platz unter seinem Jackenhaken im Flur. Dann schlüpft er in die Hausschuhe.

Matthes geht nach dem Morgenkreis aus dem Gruppenraum. „Ich muss mal", sagt er zu Anja, der Erzieherin. Er schleicht zu Leos Gummistiefeln. Denn er hat eine Idee. Doch dazu braucht er jemanden, der aufpasst, dass niemand unverhofft um die Ecke biegt. Schon gar nicht Anja, die dann sicher sehr böse wird. Hanno wird das sicher machen. Hanno findet ihn nämlich toll. Das weiß er.

So geht Matthes wieder in den Gruppenraum und erzählt Hanno von seinem Plan. Er flüstert in sein Ohr: „Komm, wir füllen Wasser in Leos Gummistiefel."
Hanno antwortet nicht.
„Das ist lustig", meint Matthes.

Für Hanno fühlt es sich gar nicht lustig an. Er denkt an Leo, wie er mit seinem Fuß im Wasser landet. Hanno fühlt sich wie auf hoher See, der Boden wackelt unter seinen Füßen. Doch eine Welle spült ihn hinaus aus dem Gruppenraum. Er versucht, dagegen anzuschwimmen, aber es gelingt ihm nicht.

Wie unter Wasser findet er sich zwischen Flur und Bad wieder, ein Auge auf die Tür des Gruppenraums gerichtet, um Matthes, den Kapitän, zu warnen. Er ist doch nur der Matrose, versucht er sich zu beruhigen. Das Steuer hält der Kapitän. Nicht er.

Den ganzen Vormittag kann er nur noch daran denken, wie Leo seine Stiefel anziehen wird. Und tatsächlich: Als Leo abgeholt wird, steigt er in den Gummistiefel, worauf ein lauter Schrei ertönt. Sein Wollstrumpf ist sofort klatschenass, und das Wasser kommt oben aus dem Stiefel und macht eine Pfütze auf dem Boden. Leos Mutter geht zu Anja. Die entschuldigt sich, dass sie nichts bemerkt hat, und verspricht, sich um die Sache zu kümmern.

Am nächsten Morgen bespricht sie den Vorfall im Stuhlkreis.
Matthes zwinkert Hanno zu. Das Zwinkern eines Kapitäns. Betreten schaut Hanno zur Seite. Er möchte runter von diesem Schiff, das schwankt, so stark, dass ihm übel wird.

Beim Spielen kommt Matthes zu ihm und sagt verschwörerisch: „Musst du gleich auch zum Klo?"
Zunächst versteht Hanno ihn gar nicht, doch dann dämmert es ihm. Nein, denkt er. Auf keinen Fall. Matthes merkt sein Zögern.

Hanno wendet sich ab. Doch Matthes lässt nicht locker.
„Was ist nun?", fragt er.
„Nein", sagt Hanno. Ganz leise zwar, aber es ist raus.
„Dann bin ich nicht mehr dein Freund." Mit grimmigem Blick stemmt Matthes die Hände in die Hüften. Aber Hanno will kein Matrose mehr sein. Er ist ein Kapitän. Und was für einer.

Er dreht sich um und schreit Matthes an: „Nein! Ich will das nicht!"
Matthes zuckt zusammen. Hanno ist stolz, dass er das Steuerrad in der Hand hat. Endlich kann er wieder an Land fahren.

Impulse zu „Vom Matrosen zum Kapitän"

Inhalt der Geschichte in Kürze

Matthes will Leo ärgern und stiftet Hanno an mitzumachen. Sein Plan: Wasser in Leos Gummistiefel zu füllen. Einmal steht Hanno Schmiere, mit Bauchweh. Beim zweiten Mal gelingt es ihm, „Nein" zu sagen. Obwohl Matthes dann nicht mehr sein Freund sein will.

Wie war das noch mal? – Fragen zum Textverständnis

- Warum geht Matthes nach dem Morgenkreis aus dem Gruppenraum?
- Warum soll Hanno ihm helfen?
- Wieso kann sich Matthes sicher sein, dass Hanno ihn nicht verrät?
- Wie fühlt sich Hanno, als Matthes Wasser in Leos Stiefel füllt?
- Wie sieht Hanno sich – womit vergleicht er sich?
- Was passiert, als Leo seine Stiefel anziehen will?
- Was macht Hanno, als Matthes Leo ein zweites Mal ärgern will?
- Wie geht es Hanno am Ende der Geschichte?

Und was sagt ihr dazu? – Redeanlässe zur Geschichte

- Wurdet ihr schon einmal geärgert?
- Was war das für ein Gefühl?
- Habt ihr schon mal jemanden geärgert? Erzählt mal, wie das war.
- Warum hat Hanno beim ersten Mal mitgemacht und Matthes geholfen?
- Wer hat mehr Schuld: Matthes oder Hanno?
- Habt ihr schon mal etwas einer Freundin oder einem Freund zuliebe getan, was ihr eigentlich nicht wolltet?
- Hanno geht es nicht gut, nachdem Matthes und er Leo geärgert haben. Das nennt man „schlechtes Gewissen". Kennt ihr so ein Gefühl?
- Hanno ist sehr stark zum Schluss. Habt ihr auch schon mal laut „Nein" gesagt?

Hanno, der Steuermann   *Ausmalen*

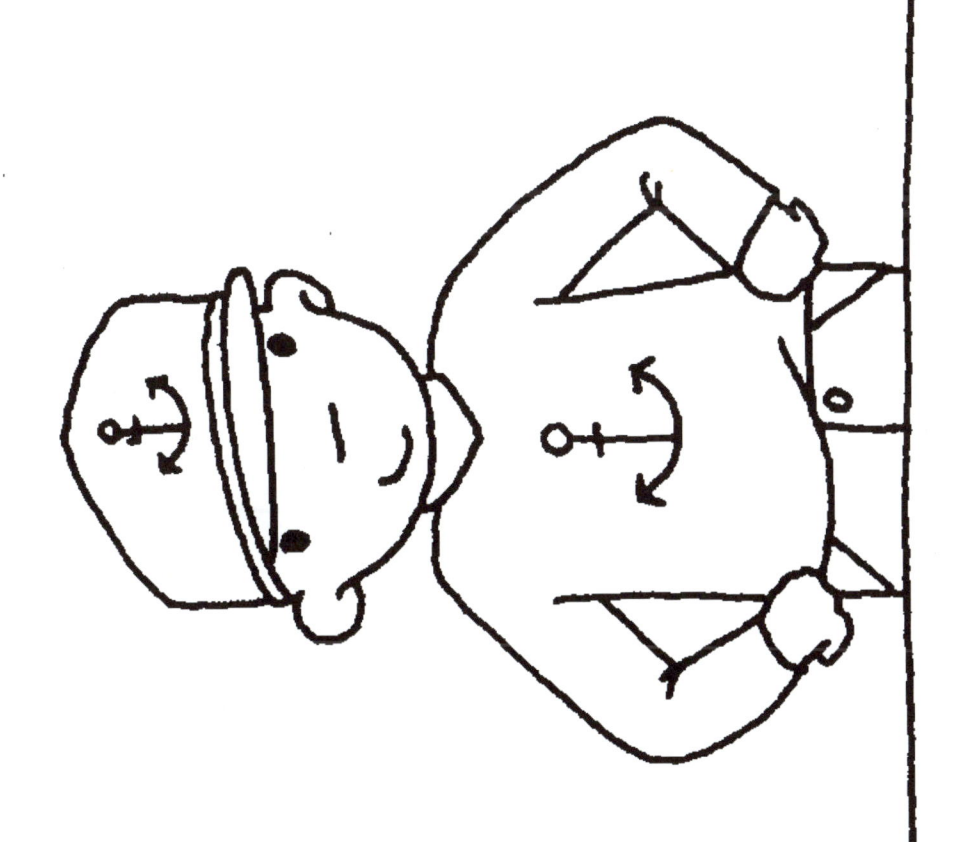

Hanno fühlt sich wie auf einem Schiff. Der Boden schwankt unter seinen Füßen, als er sich mit Matthes gegen Leo verbündet. Aber schließlich nimmt er das Steuerrad wieder in die Hand und bestimmt selbst, in welche Richtung sein Schiff fährt.

Schiff ahoi *Basteln*

Hanno fühlt sich in der Geschichte zunächst als Matrose, später als Steuermann. Er steuert das Schiff selbst. Passend zu diesem Bild können Sie mit den Kindern Schiffe basteln, die sie später auch fahren lassen können.

Material:
Styropor, Farbe, Papier (oder Alufolie, Plastiktüten), Klebstoff, Holzstäbchen, Moosgummi oder Modelliermasse

Schneiden Sie Schiffskörper aus Styropor oder Hartschaumstoff aus. Es reichen Rechtecke – wenn Sie Zeit haben, können Sie natürlich auch genauer die Form eines Schiffes nachvollziehen. Die Kinder malen den Rumpf des Schiffes mit wasserfesten Farben an. Aus Papier, Alufolie oder alten Plastiktüten schneiden die Kinder Segel aus, die sie an Holzstäbchen kleben. Oben sollte der Stab stumpf geschnitten sein, unten wird er mit dem Segel ins Boot gesteckt.

Aus leichtem Material, zum Beispiel aus Moosgummi oder einer ganz leichten Modelliermasse, schneiden oder formen die Kinder dann den Steuermann oder die Steuerfrau: Das sind sie selbst. Die Figuren werden aufs Schiff gesetzt. Ahoi – die Boote können in See stechen!

Die Seefahrt begleiten die Kinder mit einem echten Seemannslied:

Wir sind auf See, wir sind Kapitäne

(nach dem engl. Shanty: What shall we do with the drunken sailor)

Wir sind auf See, wir sind Ka-pi-tä-ne, wir sind auf See, wir sind Ka-pi-tä-ne, wir sind auf See, wir sind Ka-pi-tä-ne, heu-te und auch mor-gen. Ho-io, a-hoi, wir se-geln, ho-io, a-hoi, wir se-geln, ho-io, a-hoi, wir se-geln mor-gens in der Frü-he.

Vom Matrosen zum Kapitän

Der Nein-Kreis *Spielen*

Kitakindern fällt es oft nicht leicht, ihre eigene Meinung zu vertreten. Vor allem dann nicht, wenn sie alleine gegen viele stehen. Gerade Mädchen fällt das „Nein" sagen oft schwer, sie können sich nicht so gut abgrenzen.

Nein-Kreise üben das Neinsagen spielerisch. Dafür bilden alle einen Kreis. Sie als Erzieherin fangen an und machen einen Schritt in den Kreis hinein. Sie sagen laut und bestimmt „Nein" und gehen wieder in den Kreis zurück. Daraufhin gehen alle Kinder einen Schritt in die Mitte und versuchen, Sie zu imitieren, indem sie ebenfalls „Nein" sagen – und zwar so, wie Sie es zuvor gesagt haben. Ein Kind nach dem anderen kommt an die Reihe.

Sie können auch einen ganzen Satz nehmen, zum Beispiel „Ich will das nicht". In einer zweiten Runde kommen auch Gesten mit ins Spiel. Lassen Sie die Kinder ihre ganz persönliche Körpersprache finden. Auftreten, stampfen, Arme verschränken – alles ist erlaubt.

Info:
Das Ganze nennt man Call-and-response: Ruf und Wiedergabe / Echo. Je älter die Kinder sind, desto besser gelingt es ihnen, die anderen exakt zu spiegeln.

Das Ja-Nein-Duell *Spielen*

Laut und deutlich „Nein" zu sagen ist nicht immer einfach. Dem können Sie spielerisch mit einem Ja-Nein-Duell entgegenwirken. Dazu stellen sich einige Kinder gegenüber auf, jeweils zwei Kinder sind ein Spielpaar. Der Abstand sollte mindestens drei Schritte betragen. Auf der einen Seite stehen die Ja-Sager, auf der anderen die Nein-Sager.

Nun treten beide Seiten in ein Rededuell – jedoch nur mit den zugewiesenen Worten Ja und Nein. Dabei sollen die Kinder immer lauter werden – so laut, bis es einem der beiden Spielpartner zu laut wird. Anschließend werden die Worte getauscht.

Um wieder etwas ruhiger zu werden, können Sie anschließend das Nein-Lied singen.

Nein-Lied

Text: Andrea Behnke, Melodie: Bruder Jakob (Volkslied aus Frankreich)

1. F — Ich sag nein, ich sag nein,
2. C — das darf ich doch, das darf ich doch.
3. F — Ich darf be-stim-men, ich darf be-stim-men
4. F C F C F — ü-ber mich, ü-ber mich.

Vom Matrosen zum Kapitän

Lesetipps

Viele Bilder- und Vorlesebücher beschäftigen sich mit dem Streiten und Vertragen, mit dem Zusammenleben und dem Miteinander.

Hier finden Sie eine Auswahl empfehlenswerter Bücher, die zum Teil auch kleine, persönliche Geheimtipps sind:

Isabel Abedi/Silvio Neuendorf: Blöde Ziege – dumme Gans (Alle Bilderbuchgeschichten in einem Band), Carlsen, Hamburg 2011
Alles hat zwei Seiten – darum gibt es hier zu jeder Geschichte zwei Fassungen: eine von der Ziege und eine von der Gans

Kirsten Boie/Silke Brix: Klar, dass Mama Ole / Anne lieber hat, Oetinger, Hamburg 1994
Eine Medaille mit zwei Seiten: zwei Geschichten über Geschwister-Eifersucht

Louise Fatio/Roger Duvoisin: Der glückliche Löwe, Herder/Kerle, Freiburg / München 2012
Der zeitlose Klassiker über das Zusammenleben, neu aufgelegt und immer noch aktuell

Mies van Hout: Freunde, aracari, Zürich 2012
Ein ausgefallenes Buch über das, was kleine Monsterfreunde miteinander erleben: Sie ärgern und streiten sich, sie vertragen sich und haben Spaß

Saskia Hula/Ina Hattenhauer: Die beste Bande der Welt, Residenz, St. Pölten/Österreich 2012
Eine einfallsreiche Geschichte von Zurückweisen und vom Dazugehören

Ole Könnecke: Anton und der große Streit, Carl Hanser, München 2012
Ein etwas anderes Buch über einen echten Jungs-Streit mit allem, was dazugehört ...

Manuela Olten: Wahre Freunde, Beltz & Gelberg, Landsberg 2012
Ein überraschendes Buch mit wenig Text über Gefühle – ausdrucksstark gezeichnet

Viola Rohner/Dorota Wünsch: Wie Großvater schwimmen lernte,
Hammer, Wuppertal 2011
Poetische Geschichte vom Zusammenleben von Jung und Alt

Marjan de Smet/Marja Meijer: Kleiner Bruder zu verkaufen,
Lappan, Oldenburg 2007
Süße Geschichte über den Wunsch, Einzelkind zu sein – und eine wunderbare Wendung

Antje Szillat/Miriam Cordes: Du gehörst nicht dazu! Coppenrath, Münster 2011
Ein kindgerechtes Buch zum Thema Mobbing – behutsam erzählt

Kopiervorlage Elternbrief

Liebe Eltern,

in der Kita sind Kinder – vielleicht erstmals – Teil einer größeren Gruppe. Dabei lernen sie täglich, weniger „eigensinnig" zu sein und andere wahrzunehmen. Das Sozialverhalten bildet sich mehr und mehr aus. Die Kinder fangen an, sich in andere hinzuversetzen, zu kooperieren und zu verhandeln, zu teilen und Verantwortung zu übernehmen. Streiten und Vertragen liegen in dem Alter eng beieinander und sind wichtig für die Entwicklung.

Im Kitaalter beginnen Kinder, Gut und Böse zu unterscheiden, sie bekommen ein Gespür für Gerechtigkeit. Es bilden sich Gruppen – die Kinder wollen dazugehören, machen manchmal aber auch Erfahrungen mit Ablehnung.

Und auch Sie als Eltern werden im heimischen Alltag viele Facetten kennenlernen: In jeder Familie gibt es Streit und Versöhnung. Konflikte gehören zum Alltag dazu – entscheidend ist, wie konstruktiv man mit ihnen umgeht.

In der Kita sollen die Kinder einen respektvollen und wertschätzenden Umgang miteinander erfahren. Daher widmen wir dem Thema ein Projekt. Anhand des Buches „Ich, du und wir" beleuchten wir das Zusammenleben in seiner Vielfalt. Das Besondere: Das Buch enthält zehn Geschichten, die wir gemeinsam mit den Kindern lesen. Zu den Geschichten gibt es jeweils verschiedene Aktionen, die alle Sinne einbeziehen. Ganzheitliches Lernen mit Geschichten – das steht hinter diesem Konzept. Soziale, emotionale und sprachliche Kompetenzen werden gleichermaßen gefördert.

Gerne können Sie einmal in das Buch hineinblättern, wenn Sie mögen!
Andrea Behnke: Ich, du und wir, Herder, Freiburg 2013

Ihre

Geschichten und Aktionen übers Größerwerden

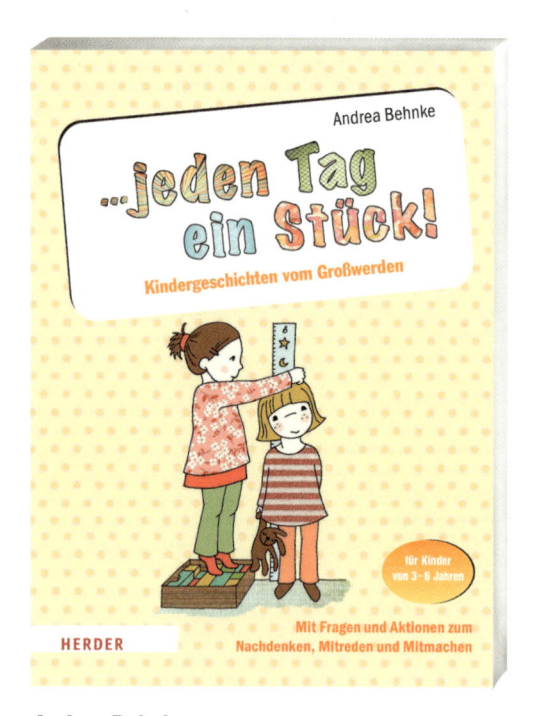

Jeden Tag ein bisschen größer zu werden, das ist spannend, aber manchmal auch gar nicht so leicht!
10 kurze Geschichten erzählen von großen und kleinen Abschieden, Übergängen und Entwicklungsschritten, wie Kinder sie erleben. Hier helfen Impulsfragen, über das Gehörte ins Gespräch zu kommen und sich über ähnliche, persönliche Erfahrungen auszutauschen. Mit zahlreichen Anregungen für weiterführende und vertiefende Aktivitäten.

Andrea Behnke
… jeden Tag ein Stück
Kindergeschichten vom Großwerden
Mit Fragen und Aktionen zum Nachdenken, Mitreden und Mitmachen
80 Seiten I Kartoniert
ISBN 978-3-451-32652-3

In jeder Buchhandlung oder unter www.herder.de

HERDER
Lesen ist Leben